Noor van Haaften
Au-pair in Paris

Über die Autorin

Noor van Haaften, Jahrgang 1948, ist bekannt durch ihre zahlreichen Buchveröffentlichungen und Vortragsreisen. Die Niederländerin studierte an der Universität Utrecht und am britischen Missionsinstitut *All Nations Christian College* und war in der christlichen Studentenarbeit sowie als Moderatorin und Regisseurin bei einem niederländischen R/TV-Sender tätig. Sie lebt in den Niederlanden.

Noor van Haaften

Au-pair in Paris

und andere
wahre Geschichten

Die Geschichten in diesem Buch stammen teilweise aus früher erschienenen (und bereits vergriffenen) Bänden:

- Das Kästchen im Kleiderschrank (Gerth Medien, 2015):
  Oma und ich / Erdbeben in der Nacht / Das Leben feiern /
  An der Küste Donegals / Dolores
- Die hellblauen Schuhe (Gerth Medien, 2019):
  Nur weitermachen / Einundzwanzig Diakonissen im Boxring
- Geschichten für zwischendurch (SCM R. Brockhaus, 2006):
  Die Badezeremonie
- Neue Geschichten für zwischendurch (SCM R. Brockhaus, 2008):
  Spannung in der Kirche / Eine Antenne für Gott /
  Eine besondere Begegnung
- Dir gehört mein Lob (SCM Collection, 2013):
  Singt dem Herrn (Originaltitel: Ein neues Lied) /
  Die Kraft eines Liedes / Der Bienenchor / Summen tut gut
- Du schenkst mir Mut zum Leben (SCM Verlag, 2015):
  Der Eimer gefüllt / Du schenkst mir Mut zum Leben

Alle weiteren Geschichten sind neu und bisher in keiner Veröffentlichung erschienen.

Inhalt

Vorwort	7
1. Unerwartete Stunden am Strand	9
2. Nur weitermachen!	14
3. Überrascht auf dem Weg nach Santiago de Compostela	18
4. Spannung in der Kirche	24
5. Eine Nacht im Wald	28
6. Einundzwanzig Diakonissen im Boxring	32
7. Unruhe im Studio	37
8. Unsere Gerda	42
9. Der Eimer gefüllt	46
10. Oma und ich	49
11. Nicht alles ist machbar …	53
12. Vom Müllwagen verfolgt	59
13. Erdbeben in der Nacht	65
14. Die Turteltauben	70
15. Der Tankwart und die Polin	75

16. Eine Hochzeitssuite in meinem Haus 81
17. Singt dem Herrn! 86
18. Die Badezeremonie 89
19. Eine Antenne für Gott 93
20. Jäger am Parkplatz 98
21. Die Kraft eines Liedes 103
22. Eine besondere Begegnung 106
23. Das Leben feiern 112
24. Bibeln auf dem Flohmarkt 115
25. Meine Nachbarin 122
26. An der Küste Donegals 127
27. Das Stimmenorchester 130
28. Au-pair in Paris 135
29. Der Bienenchor 139
30. Sag's dem Herrn 143
31. Dolores 149
32. Fremdsprachen üben 153
33. Die Stecknadel 158
34. Eine neue Perspektive 162
35. Das Quiz 165
36. Ausschau halten in der Nacht 170
37. Summen tut gut 174
38. Händel im Kreißsaal 176
39. Beschenkt 181
40. Auf dem Bauernhof in den Bergen 186

Vorwort

Als ich gefragt wurde, Geschichten für ein neues Kurzgeschichtenbuch zu schreiben, lag die Coronazeit relativ kurz hinter uns. Die Welt war aus ihrem Lockdown erwacht und das Leben hatte sich wieder (einigermaßen) normalisiert, als ich durch eine Erkrankung gezwungen wurde, mich noch eine Weile fern vom aktiven Leben zu halten. Als ich nach einigen Monaten wieder fit war, fragte ich mich, worüber ich eigentlich schreiben sollte. Ich hatte lange Zeit wenig oder nichts unternehmen können, es hatte keine Vortragsreisen gegeben und ich hatte wenig Aufregendes erlebt. Schlange zu stehen für eine Impfung, sich mit Mundschutz durchs Leben zu bewegen und Begegnungen wenn möglich aus dem Weg zu gehen und dann noch einige Zeit nicht fit zu sein, das alles hat doch wirklich nicht viel in sich für eine nette Geschichte!

Im Rückblick hat die Zeit, in der ich zu Hause war, mir

manches gegeben, was inspirierend war. Ich erlebte eine Art Sabbatperiode, in der ich weder meine Koffer packen und mich auf dem Weg machen musste noch den Druck mancher Deadlines erfuhr. In dieser ›geschenkten Zeit‹ kamen nicht nur neue Impulse und Gedanken, sondern es kamen auch Erinnerungen an Erlebtes aus meiner Kindheit und Jugend wie auch an Vorfälle jüngeren Datums hoch. Im Grunde bekam ich die ersten neuen Geschichten schon in dieser stillen Phase auf dem Präsentierteller angeboten!

Ich hatte wieder mit meinem Reisedienst begonnen, als ich mit dem Schreiben der Geschichten anfing. Die Mehrzahl schrieb ich zu Hause, andere während eines traumhaften Urlaubes auf einem Bauernhof in den Bergen.

Mit »Au-pair in Paris und andere wahre Geschichten« halten Sie eine bunte Mischung von leichten und ernsthaften Erzählungen in der Hand. Bei einigen werden Sie schmunzeln, während andere nachdenklich machen. Ich wünsche Ihnen viel Freude beim Lesen (oder beim Vorlesen)!

Noor van Haaften, Ende 2023

1. Unerwartete Stunden am Strand

Zu den vielen kostbaren Erinnerungen aus meiner Jugend gehört der Tag, an dem unsere Mutter fröhlich ankündigte, dass es heute dran war, die Schule zu schwänzen. Meine Schwester und ich waren zu dieser Zeit etwa acht und neun Jahre alt, und wir waren selbstverständlich nicht darauf gefasst, dass unsere Mama so etwas Unerhörtes ankündigen würde. Ihre Beweggründe waren aber durchaus verständlich und überzeugend, denn es war ein herrlicher sonnenüberfluteter Morgen, und es wäre tatsächlich zu schade gewesen, die nächsten Stunden in der Schulbank zu verbringen. Und so rannten wir zu unserem Zimmer und tauschten unsere Schulkleidung ein gegen einen Badeanzug mit einem sommerlichen Kleidchen darüber. Unsere Mutter hatte inzwischen ein Picknick vorbereitet und Badetücher, Eimer, Schaufel und ein Fischnetz für uns eingepackt. Sie selbst nahm ein dickes Buch und Strickzeug für sich mit.

Unser Haus befand sich fast direkt hinter den Dünen, die das Meer von unserem Wohnort trennten. Wir brauchten nicht mehr als zehn Minuten, um den Strand zu erreichen. Für viele Leser dieses Büchleins hört sich das wahrscheinlich an wie ein Traum, wir selbst fanden es normal. Der Strand und das Meer wie auch die Dünen waren (und bleiben) uns vertraut. Und lieb, das natürlich auch.

Und so fuhr eines Tages ein alter DKW mit einer fröhlichen Mama, zwei Schulschwänzerinnen und einem ausgelassenen Hund an den Strand. Einmal dort angekommen, suchten wir einen Platz mit einem Wind- und einem Sonnenschirm und einem Liegestuhl für die Mama. Es war ein herrlicher, stiller Vormittag. Der Gedanke, dass unsere Freunde in der Schule waren, war für meine Schwester und mich sowohl aufregend als auch etwas beängstigend. Wir waren Schulschwänzer, wie sollten wir unserem Lehrer am nächsten Tag erklären, dass wir am Strand gewesen waren? Unsere Mutter schien diese Frage nicht wirklich zu bewegen, es war ihr deutlich anzusehen, dass sie diese Auszeit mit ihren zwei Mädchen genoss. Auch unser Hund war völlig entspannt und höchst erfreut. Er war gleich schwimmen gegangen, und als er zu uns zurückkam, schüttelte er sich ausgiebig und sprühte dabei reichlich sandiges Meereswasser über unseren Picknickkorb, was zur Folge hatte, dass wir ihn fortscheuchten und versuchten, ihn zu fangen. Er liebte dieses Spiel und ließ uns immer ganz nahe kommen. Sobald wir ihn aber ergreifen wollten, sprang er auf und sauste grinsend und bellend davon.

Wir erlebten einen unvergesslichen Tag. Meine Schwester und ich sammelten Muscheln und Krabben, und wir studierten die Quallen am Strand. Wir gruben tiefe Löcher im Sand und bauten am Meeresrand ein imposantes Sandschloss mit einem Graben ringsum. Wir sahen zu, als die Flut kam und der Graben sich mit Wasser füllte, und wir trauerten, als unser Schloss sich allmählich im Wasser auflöste. Es faszinierte uns, dass die scheinbar leblosen Quallen »erwachten« und zu schwimmen begannen, als sie vom Wasser mitgenommen wurden. Als nachmittags ein Garnelenfischer mit seinem Schleppnetz vorbeikam, der uns sein Metier erklärte, waren wir überglücklich.

Meine Mutter nannte das alles Anschauungsunterricht. Wir hatten an diesem Tag Biologie, so wie wir auch einmal Kultur und Geschichte als Fächer hatten, und zwar an unserem zweiten Schwänztag, als unsere Mutter entschied, dass es uns guttun würde, einen Stadtbummel zu machen in der Residenzstadt Den Haag. An dem Tag besuchten wir vornehme Geschäfte und wir sahen unter anderem die Parlamentsgebäude und die Statue von den niederländischen Gebrüdern Johan und Cornelis de Wit, die am 20. August 1672 aus politischen Gründen in den Haag ermordet wurden. Zu Mittag waren wir im Kino. Auch dieser Schwänztag war unvergesslich.

Wenn Sie meinen, dass diese Aktionen meiner Mutter pädagogisch gesehen zumindest fraglich (oder sogar unmäßig) sind, bin ich einerseits mit Ihnen einverstanden. Anderseits sind mir die Erinnerungen an diese beiden Tage (mehr waren es nicht) so kostbar, weil es so total extravagant war, gemeinsam mit unserer Mutter etwas zu unternehmen, das unangemessen war. Sie verbarg ihre Aktion übrigens nicht, denn sie hatte nach den beiden Schwänztagen ein Gespräch mit dem Schuldirektor, wobei sie ihm erklärte, dass sie es in dem Moment für nötig gehalten hatte, ihren zwei Töchtern eine besondere Erfahrung zu ermöglichen. Der Schuldirektor kannte sie als eine Mutter, die die Erziehung ihrer Kinder ernst nahm, und er konnte das Geschehen mit Humor betrachten. Ich selbst rechne unsere zwei Schwänztage als eine kostbare Erinnerung an meine liebe und spontane Mutter, die dann und wann das Bedürfnis hatte, die üblichen Wege zu verlassen und etwas Verrücktes zu tun.

*»Da ist das Meer,
so groß und weit ausgedehnt …«*
Psalm 104,25

2. Nur weitermachen!

Der Pianist Ignacy Jan Paderewski wurde 1860 in Kurylówk in der Ukraine geboren und starb 1941 in New York. Er war ein genialer und vielseitiger Mensch: ein begnadeter Musiker, ein kompetenter Politiker und Staatsmann, ein brillanter Redner und Linguist (er beherrschte sieben Sprachen) und noch einiges mehr. Ein »superlativer Mensch«, so hat ihn der Autor Charles Phillips im Jahr 1934 beschrieben.

Paderewskis künstlerische Karriere begann, als er 27 Jahre alt war, und brachte ihn rund um die Welt. Er gab Konzerte in Europa, Australien, Afrika und den Vereinigten Staaten. Allein in Amerika trat er mehr als 1500 Mal auf. Und immer waren die Konzertsäle überfüllt. Wenn er per Zug reiste (in seinem eigenen Pullman-Waggon mit mehreren Klavieren und Flügeln, weil er unterwegs übte und komponierte), waren immer ganze Volksmengen auf den Beinen, um ihn am Bahnhof zu begrüßen und zum Konzertsaal zu begleiten (oder um ihm zuzuwinken, wenn er vorbeifuhr).

Der Pianist liebte es, gefeiert zu werden, aber er wurde dadurch in keinerlei Weise eingebildet oder unnahbar. Als einmal ein Zug aus Montana von einem Schneesturm aufgehalten wurde, soll er erst mit seinem Recital begonnen haben, nachdem alle Reisenden angekommen waren und ihren Sitzplatz eingenommen hatten. Und wenn sein Publikum ihn am Ende eines Konzerts nicht gehen lassen wollte (was immer wieder vorkam), war er durchaus bereit weiterzuspielen, manchmal sogar noch über eine Stunde lang.

Eine Geschichte, die mich besonders bewegt, hat sich in einem Konzertsaal irgendwo in Amerika ereignet. Wie üblich waren die Zuhörer in großer Zahl angereist, es war kein Platz mehr frei. Im Publikum befand sich eine Mutter mit ihrem etwa achtjährigen Sohn. Der Kleine hatte ganz kurze Zeit Klavierunterricht gehabt, aber nun fehlte ihm die Lust zum Weitermachen. Seine Mutter, die das sehr bedauerte, hatte ihn in dieses Konzert mitgenommen in der Hoffnung, dass er durch das Hören und Sehen des großen Pianisten motiviert würde, seine Klavierstunden wieder aufzunehmen. Ob das tatsächlich geschehen ist, ist nicht bekannt. Doch an diesem Abend erlebte die Mutter einen gleichzeitig haarsträubenden und unvergesslichen Moment: den ersten (und vielleicht auch letzten) musikalischen Auftritt ihres Sohnes.

Während die Anwesenden sich in der Erwartung des Dirigenten und Solisten miteinander unterhielten, war auch die Mutter des Jungen mit ihrer Nachbarin im Gespräch. Es war eine so rege Unterhaltung, dass sie gar nicht bemerkte, wie ihr Sohn vom Stuhl neben ihr hinunterrutschte und verschwand ... Groß war das Erstaunen des Publikums, als ein kleiner Junge auf dem Podium erschien, zielstrebig auf den Flügel zulief und auf dem Schemel Platz nahm. Als ob ihm gar nicht bewusst wäre, dass er das nicht durfte, begann er arglos, mit zwei Fingern eine bekannte Melodie für Anfänger zu spielen. Im Konzertsaal stieß man sich aufgeregt an und hielt den Atem an. Die Mutter des Jungen war starr vor Entsetzen.

Als Paderewski hinter den Kulissen erfuhr, was sich gerade auf der Bühne ereignete, zögerte er keinen Moment. Er ging nach vorne, stellte sich hinter den kleinen Jungen, beugte sich über ihn und fing an mitzuspielen. Im Saal wurde es mucksmäuschenstill, als die zögerlichen Töne des Jungen zu einem wunderschönen Klavierstück wurden. Nur der hörte, was Paderewski ihm beim Spielen zuflüsterte: »Spiel weiter, Kleiner! Hör nicht auf. Hörst du, wie schön das klingt, wenn wir gemeinsam spielen?!«

Der große Pianist ist wie unser himmlischer Vater. Während wir in aller Gebrechlichkeit unsere Noten spielen, umfängt er uns mit seinen Armen und flüstert: »Weitermachen!« Er umgibt uns mit seiner Liebe und segnet das Werk unserer Hände.

»Achtet doch auf ihn …,
damit ihr nicht müde werdet
und den Mut verliert!«
Hebräer 12,3

3. Überrascht auf dem Weg nach Santiago de Compostela

Der spanische Ort Santiago de Compostela, wo sich der Legende nach das Grab des Apostels Jakobus befinden soll, wird jedes Jahr von einer immer zunehmenden Anzahl von Pilgern besucht. Diese Pilgertour ist so beliebt, dass aus ganz Europa ein fächerförmiges Netzwerk von Wegen in Richtung der Pyrenäen geht. Von hier aus formiert sich an der spanischen Seite des Grenzgebirges der Camino de Santiago bzw. der Weg, der zum vermeintlichen Grab des Jakobus in Santiago führt. Man kann von fast jedem Ort Europas aus loswandern und findet einen Weg nach Santiago.

Die Menschen, die diesen Pilgerweg gehen, haben alle ihre eigenen Gründe. Viele wollen der Hektik ihres Alltags entfliehen, andere wollen ihr Leben überdenken oder sie stehen vor wichtigen Entscheidungen. Einige machen sich auf den Weg, um sich mit einem schmerzhaften Verlust auseinanderzusetzen. Für andere ist diese Pilgerreise, die man gehen oder radeln kann, vor allem eine physische Herausforderung. Für alle gilt, dass die Wochen, die man unterwegs ist, lebensverändernd sind und dass es, wenn man wieder zu Hause ist, Zeit braucht, um sich wieder zurechtzufinden. Nachdem man sich Wochen oder sogar Monate lang um nichts anderes kümmern musste als um ein Bett für die Nacht und eine Mahlzeit unterwegs, ist es ein Schock, wieder mit der Hektik des normalen Alltags konfrontiert zu werden.

Vor einigen Jahren begegnete ich zwei Menschen, die sich kennengelernt hatten auf der Pilgertour nach Santiago de Compostela. Ich war im Urlaub und hatte mich auf einer sonnenüberfluteten Terrasse eines Bergrestaurants niedergelassen, als sie mich fragten, ob sie sich zu mir setzen dürften. Einmal gemeinsam am Tisch, kamen wir bald ins Gespräch. Der Mann, ich nenne ihn hier Peter, erzählte, wie er vor Jahren nach Santiago de Compostela gepilgert war, um eine schmerzhafte Phase in seinem Leben abzuschließen. Seine Frau war einige Zeit zuvor gestorben, und es war die Zeit gekommen, um seine Trauer hinter sich zu lassen. Anstatt nur zurückzublicken und sich von dem, was war, fesseln zu lassen, wollte er die Jahre, die vor ihm lagen, umarmen und offen sein für Neues. Und so hatte er sich auf den Weg nach

Santiago de Compostela gemacht, um sich darüber zu besinnen.

Es war eine richtige Entscheidung, denn sie tat ihm unendlich gut. Peter erzählte, wie entspannt es während der Pilgertour zuging. Manchmal, so sagte er, ging man einige Stunden oder auch einen ganzen Tag allein, dann aber kam es vor, dass man eine Weile gemeinsam mit anderen wanderte. Er hatte erfahren, dass die Menschen auf dem Camino freundlich und offen füreinander waren. Manchmal kam es zu sehr persönlichen Gesprächen mit unbekannten Menschen, die man nach einigen Tagen wiedersah oder auch nicht.

Peter selbst war auf seiner Pilgertour einer Frau begegnet, mit der er einige Stunden lang gemeinsam gewandert war. Unterwegs hatten sie sich über alles Mögliche unterhalten, darunter auch über die schwere Zeit, die Peter erlebt hatte. Als Peter in der Nacht nach ihrer Begegnung nachsann über die gemeinsam verbrachten Stunden, war er überrascht, dass dieser Kontakt so unkompliziert gewesen war. Er war auch über sich selbst überrascht. Es war lange her, dass er so offen gegenüber einem anderen Menschen gewesen war. Es war, als sei er seit dem Sterben seiner Frau umhüllt gewesen von seiner Trauer. Peter hatte nie wirklich darüber sprechen können. Nun aber hatte er das Gefühl, als habe sich die dunkle Wolkenmasse, die so lange auf ihm gelegen hatte, gelichtet. Es war, als hätte das Gespräch mit der unbekannten Pilgerin es ihm ermöglicht, ganz neu durchzuatmen.

Als Peter am nächsten Morgen die Herberge verließ und sich wieder auf den Weg machte, nahm er sich vor, sich an diesem Tag auf irgendeine Weise von seiner verstorbenen Frau zu verabschieden. Er wollte sie nicht vergessen. Er musste sie aber loslassen, damit er selbst losgelassen werden würde. Er sehnte sich nach einem Neubeginn.

An diesem Tag wanderte Peter allein unter einem offenen Himmel. Es gab keine Wolken, es war ein wunderschöner sonniger Tag. Peter dachte nach über die Zeit, die hinter ihm lag, und er sann darüber nach, wie es sein würde, wenn er an seine Frau denken konnte, ohne von Schmerz überwältigt zu werden. Und auf einmal, als er zum Himmel hinaufschaute, sah er etwas, das ihm wie ein Wunder vorkam. Am Himmel gab es Spuren von Flugzeugen, deren Weg sich gekreuzt hatte. Zwei vertikale Streifen, die von einem horizontalen Streifen durchbrochen wurden – der Buchstabe H.

Als Peter diesen Moment in seiner Geschichte erreicht hatte, schwieg er einen Augenblick. »Ich blieb wie angenagelt stehen«, sagte er dann. »Dieses H kam wie ein Blitz aus heiterem Himmel. Es war der Anfangsbuchstabe des

Vornamens meiner Frau. Es war ein fast heiliger Moment, ein klares Zeichen, ein Durchbruch. Dieses H am Himmel sagte mir, dass ich mich von meiner Frau verabschieden durfte. Als ich mich wieder auf den Weg machte, war es, als hätte ich einen schweren Rucksack zurückgelassen. Es war, als stünde ich, nachdem ich lange Zeit gebeugt meinen Weg gegangen war, nun wieder aufrecht im Leben. Ich konnte mich freuen an der Umgebung, ich nahm Dinge wahr, die ich lange Zeit nicht mehr wahrgenommen hatte.«

Wir nahmen alle einen Schluck unseres Getränkes. Dann fuhr er fort: »Am nächsten Tag begegnete ich ganz überraschend der Frau, mit der ich mich unterwegs unterhalten hatte. Wir wanderten wiederum eine Weile zusammen – und das tun wir noch immer.« Er wandte sich zu der Frau, mit der er ins Restaurant gekommen war. »Wir sind inzwischen einige Jahre zusammen und sehr glücklich. Der Weg nach Compostela de Santiago wird für uns beide immer ein sehr besonderer Weg sein. Es war der Weg eines Neubeginns.«

Rund um uns auf der Terrasse war es nicht mehr so voll wie vorher. Es war gegen Ende des Nachmittags, es wurde langsam etwas frischer. Die Freunde, mit denen ich an diesem Tag gewandert war (ich hatte mich etwas früher ausgeklinkt, weil die Terrasse mich lockte), waren inzwischen aufgetaucht, es war Zeit, nach Hause zu gehen. Wir entschlossen uns zu einer entspannten Talfahrt mit dem Sessellift. Während ich an einem Stahldraht zwischen Himmel und Erde schwebte, dankte ich Gott für die ergreifende Geschichte, die ein unbekannter Mann mir auf einer Bergterrasse erzählt hatte.

*»Er gab mir ein neues Lied
in meinem Mund...«*
Psalm 40,4

4. Spannung in der Kirche

Sie saß vor mir in der Kirche. Eine alleinerziehende Mutter mit ihrem Teenager. Er war nicht freiwillig mit zum Gottesdienst gekommen, das war offensichtlich. Seine ganze Haltung drückte Protest aus, sein Zorn war ihm überdeutlich anzumerken. Im einen Moment wandte er seiner Mutter demonstrativ den Rücken zu, im nächsten ließ er höchst dramatisch seinen langen Oberkörper nach vorn sinken und vergrub sein Gesicht in den Händen. Ein oder zwei Mal versetzte er seiner Mutter einen Stoß, sehr subtil, aber doch sichtbar. Und spürbar.

Seine Mutter bemühte sich nach Kräften, ruhig zu bleiben. Sie versuchte sich auf die Predigt zu konzentrieren, aber ihre Gedanken waren bei ihrem Kind. Die Situation lag ihr schwer im Magen, das war genauso offensichtlich wie die Frustration ihres Sohnes. Sie behielt die Beherrschung, aber die wenigen Male, die sie ihr Gesicht ihrem Sohn zuwandte, sah ich die Ohnmacht in ihren Augen.

Er suchte seinerseits manchmal den Blick seiner Mutter. Seine Augen waren zornig und strahlten gleichzeitig eine immense Verletzlichkeit aus.

Das ›Amen‹ nach der Predigt war kaum verklungen, als der Junge aufsprang und aus der Kirche stürmte. Seine Mutter blieb sitzen, ganz verloren in einer beinah leeren Kirchenbank. Während des Liedes, das auf die Predigt folgte, sang sie tapfer mit, den Blick auf die Tür gerichtet, durch die ihr Sohn hinausgegangen war. Als er wieder erschien und ein bisschen zögernd stehen blieb, stand sie auf, ging zu ihm und begleitete ihn nach draußen. Dort müssen sie das eine oder andere besprochen haben, und wahrscheinlich hat ihr Sohn sich nichts sagen lassen, denn die Mutter kam allein zurück und nahm ihren Platz wieder ein.

Es wurde gebetet und dann von Neuem gesungen. Ich weiß nicht mehr, welches Lied es war und welche Worte wir gesungen haben, aber es wurde ihr zu viel. Es war, als würde eine Schleuse brechen, die Tränen flossen und ließen sich nicht mehr aufhalten. Ihr Schmerz überwältigte sie.

Auf einmal sah ich jene andere alleinerziehende Mutter vor mir, Hagar. Sie war eine ägyptische Sklavin, die zur Leihmutter für ein Kind wurde, das ihr Herr und ihre Herrin sich wünschten. Etwa 16 Jahre nach der Geburt ihres Sohnes wurde sie mit ihm weggeschickt, weil ihre Herrin inzwischen selbst Mutter geworden war und Hagar und ihren Sohn nicht länger in ihrer Nähe ertragen konnte. Die Bibel erzählt, dass Hagar mit ihrem Teenager in der Wüste strandete. Der Proviant, den sie von ihrem Herrn mitbekommen hatte, war aufgezehrt, der Wassersack bis auf den letzten Tropfen geleert. Sie stand buchstäblich mit leeren Händen in einer aussichtslosen Situation, denn es war in jener Wüste weit und breit kein Brunnen zu sehen.

Da brach auch bei Hagar der Damm. Ihr Sohn hatte einiges wegzustecken; sein Vater hatte ihn fortgeschickt und ihm ein anderes Kind vorgezogen. Aber auch sie, seine Mutter, war mit ihrem Latein am Ende.

Was geht in einer Mutter vor, wenn sie nicht mehr imstande ist, ihrem Kind zu geben, was es braucht? Wie lange kann man weiterkämpfen, bis man zerbricht? Hagar gab auf, in ihrer Ohnmacht wandte sie sich von ihrem Sohn ab, fiel zu Boden und brach in Schluchzen aus. In der Sturzflut ihrer Tränen brachen sich die jahrelange Enttäuschung und der Schmerz Bahn, abgelehnt und weggeschickt worden zu sein. Und die Verzweiflung darüber, nicht mehr weiterzuwissen und weiterzukommen.

In dieser Situation öffnete sich der Himmel und sie vernahm die Stimme Gottes. Er stellte eine sanfte Frage, auf die eine Ermutigung folgte: »Hagar, was ist mit dir? Hab keine Angst! Gott hat das Weinen deines Sohnes gehört, der dort liegt« (1. Mose 21,17; NL). Diese Worte leiteten einen Wendepunkt in Hagars Leben ein. Die Wüste blieb eine Wüste, die alleinerziehende Mutter blieb eine alleinerziehende Mutter. Aber ihre Begegnung mit Gott bewirkte, dass sie nicht länger allein damit konfrontiert war. Gott öffnete ihr die Augen für einen Wasserbrunnen, aus dem sie schöpfen konnte: Hagar empfing von Gott die Kraft, die sie nötig hatte, um ihren Weg zu gehen und ihrem Kind zu geben, was es brauchte.

Jene Szene in der Kirche wird vielen Menschen bekannt vorkommen. Alleinerziehende Eltern werden sich in der Ohnmacht der Mutter wiedererkennen, die vor mir saß. Scheidungskinder werden in dem Verhalten des Jungen ihre eigenen verwirrenden Gefühle von Ohnmacht, Zorn und Frustration wiedererkennen. Es ist nicht einfach, die Trauer und den Schmerz über diese ungeklärte Situation zu überwinden und einen Weg zu finden, mit diesen heftigen Gefühlen und der lähmenden Unsicherheit umzugehen. Wie gut ist es zu wissen, dass es einen Gott gibt, der hört und der sieht.

»Du bist ein Gott, der mich sieht.«
1. Mose 16,13 (L)

5. Eine Nacht im Wald

Unsere Familie lebte seit etwa einem Jahr in Amerika, als mein Bruder Rudi sein erstes Sommercamp erlebte. Er war zu dieser Zeit etwa neun Jahre alt, und er war noch dabei, Englisch zu lernen. Nach dem Umzug nach Amerika war es das erste Mal, dass er von zu Hause weg war. Es war ein großes Abenteuer, denn das Sommerlager befand sich im Staat Maine, während unsere Familie zu dieser Zeit in Long Island im Staat New York lebte. Die Kinder würden also viele Stunden mit dem Bus unterwegs sein, bis sie das Lager erreichten. Dort würden sie gleichaltrige Kinder aus anderen Gegenden und Schulen kennenlernen.

Mein Bruder, der inzwischen hochbetagt ist, erinnert sich an seine Vorfreude aufs Camp. Er hatte eine Windbüchse bekommen, die er als einen großen Schatz mit sich trug. Im Camp sollte es möglich sein, ein »Windbüchsen-Diplom« zu bekommen, was selbstverständlich sehr spannend war. Spannend war eigentlich alles. Ein Camp weg weit von zu Hause, und das mit nur neun Jahren und relativ neu in Amerika!

Leider war alles ein bisschen zu spannend. Einige Tage nach Beginn des Camps bekam meine Mutter einen Anruf von Rudis Klassenlehrer. Rudi hätte so starkes Heimweh, dass mit ihm gar nichts anzufangen wäre. Die Leitung, die alles Mögliche getan hatte, um Rudi zu trösten und zu ermutigen, war letztendlich zu dem Entschluss gekommen, dass man ihn abholen und nach Hause bringen sollte.

Meine Mutter, die zu dieser Zeit allein zu Hause war, sah keine andere Möglichkeit, als ihre beiden anderen Jungs bei Freunden unterzubringen und sich (mit Dachshund Dumpy) auf den Weg nach Maine zu machen. Sie fuhr die vielen Stunden zum Camp, packte dort Rudis Sachen zusammen, bedankte sich bei der Campleitung und machte sich mit einem erleichterten Jungen auf den Weg nach Hause. Unterwegs wurde beschlossen, die Reise zu unterbrechen und eine Nacht in einem Hotel zu verbringen. Rudi war erschöpft nach seinen unglücklichen Tagen im Camp und Mama brauchte eine Pause nach den langen Fahrten.

Das Hotel, wo sie eine Unterkunft fanden, war umgeben von einem sehr schönen Wald, der zum Wandern einlud. Nach dem Abendessen wurde beschlossen, eine kurze Wanderung zu machen, um vor der Nacht noch etwas frische Luft zu schnappen. Es war eine nette Idee, aber sie sollte zu einem großen nächtlichen Abenteuer führen. Denn obwohl die Wanderwege gut erhalten waren und der Wald nicht zu dicht zu sein schien, verirrten sie sich. Anfangs waren sie noch unbesorgt. Als sich aber herausstellte, dass sie nur im Kreis liefen, ohne dass ihr Hotel in Sicht kam, wurde es anders. Mama tat, als erlebten sie ein spannendes Abenteuer, sie machte sich aber schon Sorgen, die nur größer wurden, als es dämmrig und dann dunkel wurde und sie noch immer umherirrten. Irgendwann wurde ihr bewusst, dass sie die Nacht wohl im Wald verbringen müssten. Sie fand eine Stelle mit weichem Moos und richtete diese so gut es ging als Schlafplatz ein. Weil es inzwischen frisch geworden war, zog sie ihr Unterkleid aus und deckte ihren Sohn damit zu. Dachshund Dumpy konnte, wenn nötig, als Wärmeflasche eingesetzt werden.

Über die Nacht weiß Rudi nicht mehr viel zu erzählen. Er hat anscheinend gut und tief geschlafen. Er war ja aus dem Camp befreit worden, und es war alles gut, denn Mama war da. Wie und ob sie auch geschlafen hat, weiß ich nicht. Die Geschichte hatte auf jeden Fall ein gutes Ende. Denn als sie morgens aufwachten und sich wieder auf die Suche nach dem Hotel machten, erwies sich, dass ihre Schlafstelle im Wald nicht einmal sehr weit von ihren komfortablen Betten entfernt gewesen war.

Meine Mutter hat immer ganz nüchtern über dieses nächtliche Abenteuer erzählt. Während wir die Geschichte immer wieder hören wollten und dabei vor lauter Spannung an unseren Nägeln kauten, versicherte sie uns, dass sie nie wirklich in Gefahr gewesen waren. In der direkten Umgebung hatte es keine Bären gegeben, jedenfalls hatte sie diesbezüglich nichts gehört. Und von anderen Tieren hatte sie nichts bemerkt. Zwar hat es nächtliche Geräusche gegeben, aber es war nichts Aufregendes gewesen. Kalt war ihr schon ein bisschen gewesen, aber das war alles.

An der Rezeption des Hotels muss man geschockt gewesen sein, als sich morgens früh zwei Gäste meldeten und sich herausstellte, dass diese die Nacht im Wald verbracht hatten. Meine Mutter hat die Nacht eher pragmatisch betrachtet. Es war eine kleine Verlängerung des Sommercamps gewesen – ein Überleben in der Wildnis.

»Denn so spricht der Herr:
… Wie einen, den seine Mutter tröstet,
so will ich euch trösten.«
Jesaja 66,13

6. Einundzwanzig Diakonissen im Boxring

In Elbingerode im Harz entstand 1920 eine Diakonissen-Gemeinschaft, zu der heute noch knapp 100 Diakonissen zählen, von denen nur noch etwa zehn Prozent unter 65 Jahre alt sind. Die Häuser des Gemeinschaftsverbandes stehen auf einem großen Gelände. Im Haupthaus befinden sich unter anderem Wohnräume für die Diakonissen, eine Küche und ein Speisesaal, verschiedene Aufenthaltsräume, ein Konferenzsaal und sowohl eine Kapelle als auch eine Kirche. Weitere Häuser bieten zusätzlich Raum für Diakonissen und für Gäste; 2015 wurde außerdem ein Neubau für pflegebedürftige Menschen errichtet.

Vor etwa 40 Jahren hat sich aus kleinen Anfängen ein suchtmedizinisches Zentrum entwickelt, das sich in unmittelbarer Nähe des Mutterhauses befindet. Die Diakonissen freuen sich über dieses Werk und haben einen guten Draht zu den Patienten. Diese kommen öfter zu den Gottesdiensten, sind bei Vorträgen anwesend oder halten ein Schwätzchen mit der einen oder anderen Diakonisse. Es ist ein herzliches Hin und Her.

Eines Tages meldete sich ein ehemaliger Patient bei der Oberin des Mutterhauses mit einer Bitte. Er war Boxer von Beruf und er hatte während seines Aufenthaltes in der Suchtklinik öfter am Gottesdienst im Mutterhaus teilgenommen. Besonders beeindruckt hatte ihn dabei der Schwesternchor: 21 Diakonissen, viele von ihnen bereits in vorgerücktem Alter, die unter der begeisterten Leitung einer 75-jährigen Schwester aus voller Kehle ihre Lieder sangen. Das Anliegen des Boxers hatte nun mit diesem Schwesternchor zu tun: Er bat darum, dass die Diakonissen direkt vor seinem nächsten Kampf im Boxring in Wernigerode auftreten würden. Es sei, so sagte er, üblich, dass sich die Boxer für den Abend ihres Kampfes eine Musik aussuchten, und er wünschte sich eben den Schwesternchor.

Die Oberin war zwar etwas überrumpelt von dieser ungewöhnlichen Bitte, jedoch grundsätzlich offen für die Idee. Daher verblieben sie zunächst so, dass sie mit dem Chor und seiner Dirigentin sprechen würde. Unter den Diakonissen reagierten erstaunlicherweise vor allem die älteren Schwestern positiv, während die jüngeren etwas mehr Zeit brauchten, um sich an die Idee eines Auftritts im Boxring zu gewöhnen. Nach mehreren Diskussionen aber waren die Chorsängerinnen sich einig: Sie würden diese Herausforderung annehmen. Man sah im Auftritt für Boxer und ihre Fans eine Chance, Gott zu ehren. Der Boxer bekam also eine Zusage. Es gab nur eine Bedingung: Die Schwestern wollten nicht vor den Augen aller Anwesenden durch den Saal marschieren müssen, sondern möglichst unauffällig zum Platz ihres Auftritts gelangen. Das sei, meinte der Boxer, kein Problem.

Es war an einem Samstagabend, als 21 Diakonissen, ihre Oberin und der Direktor des Mutterhauses durch einen dunklen Hintereingang in den Raum gelotst wurden, wo sie direkt vor dem Start des Boxkampfs singen sollten. Das Podium für beide – Chor und Boxer – war der Boxring, der wie üblich durch dicke Seile begrenzt war. Rundherum befanden sich die Tribünen voller Zuschauer.

Während der Moderator des Abends mit lauter Stimme »U-n-s-e-r-e Di-a-ko-ni-ssen« ankündigte, erschienen die Schwestern und kletterten nacheinander zwischen den Seilen hindurch, die einige Männer für sie nach oben bzw. unten zogen. Das lief leider nicht ganz wie geplant: Ein Seil riss aus der Verankerung, und der Boxer, der seinen musikalischen Wunsch vor dem Publikum begründen sollte, verschwand blitzschnell, um für Reparatur zu sorgen. Man wartete nicht auf ihn: Der Direktor des Mutterhauses sprang spontan für ihn ein und kündigte den Schwesternchor und ihre Lieder an. Die Diakonissen ordneten ihre Röcke und Hauben und stellten sich in Reih und Glied im Boxring auf. Die Chordirigentin hob die Hände und das erste Lied wurde angestimmt.

Der *Sister Act* der 21 Schwestern stellte eine höchst ungewöhnliche, aber absolut erfolgreiche Premiere dar. Der Beifall der Anwesenden war überwältigend. Als die Diakonissen nach ihrem Abenteuer auf dem Parkplatz standen und noch ein wenig miteinander redeten, hielt ein Auto neben ihnen. Der Fahrer öffnete das Fenster, grinste und sagte etwas spöttisch: »He, Schwestern, wenn ihr zum Boxen gehen wollt – der Eingang ist dort drüben!« Die Oberin nickte ihm freundlich zu. »Von da kommen wir gerade her«, erklärte sie. Der Mann aber erwiderte: »Was ich meinte, ist, dass der Boxkampf in dem Gebäude hinter euch stattfindet!« »Das weiß ich doch«, sagte die Oberin. »Da waren wir ja gerade und haben gesungen!« Der Fahrer sah sie verblüfft an. »Eigentlich wollte ich Sie auf den Arm nehmen«, sagte er, »aber dieser Schuss ist offenbar nach hinten losgegangen!« Er kurbelte das Fenster hoch und brauste davon.

Die Diakonissen kehrten mit ausgezeichneter Laune nach Elbingerode zurück. Dort redet man immer noch von dem besonderen Auftritt des Schwesternchors im Boxring in Wernigerode. Der Boxer, der sich das gewünscht hatte, hat an diesem Abend den Kampf gewonnen.

»Singt dem Herrn, preist seinen Namen …
Erzählt unter den Heiden von seiner Herrlichkeit.«
Psalm 96,2–3

7. Unruhe im Studio

Dass einige meiner Bücher auch als Hörbuch erschienen sind, ist unter anderem einem freundlichen Menschen zu verdanken, der auf dem Dachboden seines Hauses ein kleines Studio eingerichtet hat, wo man Aufnahmen machen kann. Das Haus liegt in einer ruhigen Umgebung mit friedlichen Nachbarn und ausgedehnten Feldern ringsum. Kurz gesagt: eine ideale Umgebung für die Aufnahme eines Hörbuchs. Und genau das sollte nun geschehen. Über meinen Verlag war ein Termin festgelegt worden und in der Umgebung wurde eine Unterkunft für mich und meine Mitarbeiterin Aly gebucht.

Als wir aus den Niederlanden anreisten, wurden wir herzlich begrüßt und mit einem herrlichen Mittagessen verwöhnt. Dann ging es zum Mansardenzimmer, das ausgerüstet war mit sportlichen Geräten, einer gemütlichen Couch, Büchern und Spielen und einer winzigen schalldichten Zelle mit Mikrofon, worin ich mich während der nächsten Stunden aufhalten sollte.

Während ich mich vor das Mikrofon setzte und meine Ohren mit dem Kopfhörer ›versiegelte‹, installierte Aly sich zufrieden auf der sanften Couch. Der Techniker/Aufnahmedirektor, den ich hier Gerhard nennen werde, verschwand in einer kleinen Ecke, wo sich die Audio-Apparatur befand. Es war Zeit, um mit den Aufnahmen zu beginnen. Ich räusperte mich, dann nahm ich einen Schluck Wasser und holte Luft. Dann ging es los.

Ich vermute, dass wir etwa 45 Minuten unterwegs waren, als die Aufnahme von Gerhard unterbrochen wurde. Draußen sei ein Hund, der immer wieder laut bellte. Ich selbst hatte das nicht mitbekommen, da meine Kopfhörer mich in eine stille Welt versetzt hatten, aber Gerhard hatte den Hund gehört und er war besorgt um die Aufnahmen. Es folgte eine kurze Pause, in der Gerhard hinausging, um den Hund aufzustöbern und dessen Besitzer zu bitten, ihm eine Weile Hausarrest zu geben.

Etwa 20 Minuten später machten wir mit unseren Aufnahmen weiter. Ich war inzwischen kurz aus meiner Zelle gekommen und hatte mir die Beine vertreten und mit Aly geplaudert. Sie saß ganz entspannt auf der komfortablen Couch und freute sich darüber, dass sie auf keinerlei Weise involviert oder mitverantwortlich war für die Aufnahmen. Gerhard und ich dagegen hatten noch einiges vor uns, denn das Buch, das wir aufnehmen sollten, hatte über 150 Seiten. Es war, als liefen wir einen Marathon.

Beim zweiten Anlauf waren wir eine gute Stunde unterwegs gewesen, als Gerhard sich wieder meldete. Es sollte draußen jemand mit einem motorisierten Rasenmäher unterwegs sein, und das Geräusch des Mähers sei bei den Aufnahmen im Hintergrund zu hören. Wiederum wurde eine Pause eingelegt, und wiederum machte sich Gerhard draußen auf die Suche nach dem ›Unruhestifter‹. Ob er dem Menschen, der dabei war, seinen Rasen zu mähen, versprochen hat, später die Arbeit für ihn zu erledigen, weiß ich nicht. Auf jeden Fall wurde der Rasenmäher gestoppt und wir konnten weiterarbeiten.

Für mich, die ich mehrere Jahre als Moderatorin beim niederländischen Rundfunk und Fernsehen tätig gewesen bin, war dies alles eine neue und faszinierende Erfahrung. Statt in einem geräumigen Studio mit Glaswand, wohinter der Techniker und Aufnahmeleiter ihre Aufgaben wahrnehmen, befand ich mich dieses Mal in einer winzigen schalldichten Zelle auf dem Dachboden eines privaten Hauses. Der Techniker/Aufnahmeleiter war für mich unsichtbar, weil er sich irgendwo in eine kleine Ecke zurückgezogen hatte. Und dann hatten wir im Hintergrund noch einen bellenden Hund und einen Rasenmäher. Es war alles sehr gemütlich.

Wir hatten die zwei Hürden mit Erfolg überwunden und waren gut vorangekommen, als die Aufnahmen wieder gestört wurden. Dieses Mal war es ein eintöniges Brummen, das Gerhard nicht deuten konnte. Da die Zeit inzwischen langsam drängte, eilte er zur Tür, um den neuen Störfaktor ausfindig zu machen. Dieses Mal dauerte das länger als vorher, und zwar so lange, dass ich beschloss, mein ›Studio‹ zu verlassen. Sobald ich mich von meinem Kopfhörer befreit hatte und im Raum stand, hörte ich es auch: ein leises, dennoch durchdringendes Brummen oder Summen, das tatsächlich recht störend war. Ich entschied, meiner Mitarbeiterin Aly kurz Bescheid zu geben, dass Gerhard und ich in den nächsten Minuten abwesend sein würden.

Und dann, ja dann wurde auf einmal alles klar. Die Lärmbelästigung kam dieses Mal nicht von außen. Das Problem befand sich direkt unter unserer Nase. Hinter meiner Aufnahmekabine stand ja die Couch, worauf Aly es sich gemütlich gemacht hatte. Es war ihr in den letzten Stunden offensichtlich so gemütlich geworden, dass sie langsam vom Sitzen ins Liegen geglitten war. Das Buch, das sie gelesen hatte, war ihr aus den Händen gefallen und sie selbst war in einen tiefen Schlaf gesunken. Ihr

Atem ging tief, langsam und gleichmäßig – begleitet von einem kontinuierlichen zufriedenen Brummen.

Ich stand einen Moment fassungslos da, dann bekam ich vor lauter Aufregung einen Lachkrampf und weckte Aly. Sie erschrak so sehr, dass sie augenblicklich hellwach war. Als Gerhard kurz darauf wieder ins Zimmer kam, haben wir ihm nicht verraten, dass das Brummen von Aly verursacht worden war. Als er uns fragte, ob wir auch wahrgenommen hätten, dass es abrupt aufgehört hatte, haben wir das fröhlich und dankbar bejaht. Es war ja die Wahrheit, denn so war es auch gewesen.

Ähnlich wie beim jungen Mann, der während einer Rede vom Apostel Paulus vom Schlaf überwältigt wurde, war auch Aly während meines Lesens eingenickt. Im Gegensatz zu ihm ist sie aber ohne Schaden davongekommen.

Die Aufnahmen für das Hörbuch haben wir an dem Tag noch fertigstellen können.

»Und ein junger Mann namens Eutychus
saß am Fenster; der sank in einen tiefen Schlaf;
während Paulus weiterredete, fiel er,
vom Schlaf überwältigt, vom dritten Stock hinab ...«
Apostelgeschichte 20,9

8. Unsere Gerda

Es war etwas nicht in Ordnung mit unserer lieben Hündin. Wir hatten sie vor einigen Jahren von einer Müllerfamilie bekommen, die sie aus einem undurchsichtigen Grund loswerden wollte. Als wir sie sahen, waren wir gleich verliebt in sie. Sie war eine gefleckte Cockerspanielhündin mit Ohren, die so lang waren, dass wir damit auf ihrem Kopf einen Knoten machen konnten. Reinrassig war sie übrigens nicht, wir fanden aber trotzdem, dass sie eine absolute Schönheit war. Ihr Name war Gerda.

Gerda entpuppte sich bei uns als ein wahrer Familienhund, der gern mit uns Kindern spielte. Aber jetzt war sie nicht mehr verspielt, sondern etwas träge, als schleppte sie eine schwere Last mit sich. Und ja, sie war etwas dick geworden. Das alles hatte seinen Grund. Eines Tages sagte unsere Mama uns beim Abendessen, dass sie uns ein Geheimnis mitteilen wollte. Gerda hatte sich unpassend benommen und sich einem Nachbarhund angebiedert. Die beiden hatten Sex miteinander gehabt, und nun war Gerda unerwünscht schwanger, sie würde in einigen Wochen Junge bekommen. Meine Mutter sagte es in ernstem Ton, aber ihre Augen glänzten, als fände sie es gar nicht schlimm, dass Gerda schwanger war.

Meine Schwester und ich waren zu dieser Zeit vielleicht sieben und acht Jahre alt. Wir reagierten zuerst etwas vorsichtig auf die Nachricht von Gerdas Schwangerschaft, weil wir uns nicht hundertprozentig sicher waren, ob Begeisterung in diesem Moment passend war. Aber als unsere Mutter sagte, dass Gerda in der kommenden Zeit viel Liebe und Zuwendung brauchen würde, überschlugen wir uns mit Fragen. Ob die Mama schon wusste, wie viele Junge Gerda erwartete, wie lange es noch dauern würde, bis sie geboren werden würden, und was wir mit ihnen tun würden? Vor lauter Aufregung verhaspelten wir uns in den eigenen Worten.

In den Wochen, die auf dieses Gespräch folgten, schauten wir immer wieder fasziniert nach Gerdas Bauch, der immer runder wurde. Meine Mutter, die als junge Frau Dachshunde gezüchtet hatte, sagte uns, dass Gerda bald entbinden würde und dass wir mit vielen Welpen rechnen sollten. Gerda selbst war bereits vollauf beschäftigt mit den Vorbereitungen ihrer Entbindung. Meine Mutter hatte ihr Tücher und Lappen gegeben, womit sie sich ein komfortables Nest bauen konnte. Sie wählte sich dafür eine dunkle Ecke unter der Treppe, wo sie etwas abgeschieden von uns war und als Dach unsere Mäntel hatte, da dieser Raum als Garderobe diente. Sie war inzwischen so rund, dass wir Angst hatten, dass sie zerplatzen würde.

Gerdas Wehen fingen eines Morgens in aller Früh an und bald kamen die ersten Welpen auf die Welt. Als meine Schwester und ich zum Frühstück herunterkamen, war Gerda schon vollauf beschäftigt mit der Versorgung ihrer ersten zwei. Unsere Mutter war seit Stunden auf und hatte sich als Hebamme nützlich gemacht. Sie saß auf ihren Knien vor dem Wochenbett und hatte rote Wangen vor lauter Anstrengung.

Dass wir, die wir völlig aufgeregt waren, an diesem Morgen zur Schule gehen mussten, fanden wir so ungerecht, dass wir bitterlich weinten. Unsere Mutter war aber unerbittlich. Sie sagte uns, dass noch längst nicht alle Welpen geboren wären und dass wir einen Wochenbettbesuch bei Gerda machen durften, sobald wir wieder zu Hause wären. Vielleicht würden wir gerade noch miterleben, wie die letzten ihrer Jungen zur Welt kamen.

Leider war das Letztere nicht der Fall, denn als wir nach Hause kamen, war alles vorbei. Unsere Gerda lag erschöpft in ihrem Nest, worin … zehn (!!) Junge lagen.

Meine Mutter war so begeistert, dass sie uns sagte, dass jedes von uns fünf Kindern für die kommende Zeit zwei Welpen für sich behalten durfte. In den Tagen danach bauten unsere großen Brüder in der Garage einen Hundezwinger und im Garten einen Auslauf.

Meine Schwester und ich waren dafür mitverantwortlich, Gerda zu unterstützen, indem wir den Welpen Beikost gaben und die Hundezwinger reinigten. Wir taten das voller Hingabe. Ein Foto aus dieser Zeit zeigt mich mit meinem Puppenwagen, worin fest zugedeckt und in tiefen Schlaf versunken einer meiner zwei Welpen liegt.

Wie lange Gerda und ihre Jungen bei uns geblieben sind, weiß ich nicht mehr. Irgendwann aber war es so weit, dass wir ein gutes Zuhause für sie finden und uns von ihnen verabschieden mussten. Gerda selbst blieb bei uns. Ich vermute, dass sie kurz beim Tierarzt war, denn sie ist nie wieder schwanger gewesen. Den Vater ihrer Zehn haben wir nie ausfindig gemacht.

Happiness is ... a warm puppy

Nach Charles Schulz (1922–2000), amerikanischer Zeichner der Comicstrip-Serie *Peanuts* mit Charlie Brown und Snoopy

9. Der Eimer gefüllt

Meine Schwester lebt mit ihrem Mann in einem winzigen Ort in der britischen Grafschaft Suffolk, der Heimat des bekannten Landschaftsmalers John Constable. Die Gegend ist ein Traum für Naturliebhaber und Wanderer. Es gibt unendlich viele Wanderwege über Hügel, durch Felder und malerische Dörfer mit reetgedeckten Cottages.

Hinter dem Grundstück meiner Schwester befindet sich ein Kornfeld, das seit einigen Jahren sich selbst überlassen wird. Im Sommer ist es voller wilder Blumen, und es kommt öfter vor, dass man dort Rehe oder auch einen Fuchs sieht.

Obwohl Suffolk zu jeder Jahreszeit wunderschön ist, bin ich gern am Ende des Sommers oder im Herbst da. Der Grund dafür sind die vielen Obstbäume im Garten meiner Schwester und die Brombeerhecken am Rande des alten Ackers. Es ist immer wieder ein Höhepunkt, das Obst zu pflücken und anschließend die Ärmel hochzukrempeln, die Ernte weiterzuverarbeiten und Gläser mit Marmelade oder Saft zu füllen.

Wenn die Brombeeren reif sind, ziehe ich mir alte Kleidung und Gummistiefel an, marschiere zielstrebig in Richtung Brombeerhecke und stürze mich dort ohne Hemmungen in die dornigen Büsche. Für Stunden bin ich untergetaucht, unerreichbar, unauffindbar. Und unbekümmert. Für mich ist dieses Beerenpflücken eine herrliche Beschäftigung, so wie es das schon in meiner Kindheit war, als wir in den Dünen an der Küste der Niederlande Sanddornbeeren pflückten.

Als ich wieder mal in Suffolk war, erlebte ich unendlich schöne Stunden bei der Brombeerhecke hinter dem Haus meiner Schwester. Die Sonne schien, das Obst hing nach einer Regennacht voll und glänzend an den Sträuchern. Ich musste mich nicht einmal ins Gestrüpp begeben, um meinen Eimer vollzukriegen, die Brombeeren waren zum Greifen nah. So stand ich da, pflückte das Obst und dachte dabei an nichts. Es war unheimlich wohltuend: Ich stand unter einem wolkenlosen Himmel, vor mir die Brombeerhecke, hinter mir der wilde Acker, und war frei von großen Gedanken oder Sorgen. Irgendwo weit weg bellte ein Hund, irgendwo verborgen im Feld rührte sich etwas – vermutlich ein Birkhuhn. Mehr gab es nicht.

Wie unkompliziert kann das Leben sein. Wie heilsam ist es, einfach einmal nur zu sein und einzutauchen in die Pracht der Schöpfung Gottes. Wie herrlich ist es, sich mit einem leeren Eimer auf den Weg zu machen und ihn gefüllt zu bekommen. Unter einem offenen Himmel satt zu werden, gesättigt zu sein.

»Der Herr ist mein Hirte …
er erquickt meine Seele.«
Psalm 23,1–3

10. Oma und ich

Ich bin kein Mensch, der im Urlaub unbedingt große Sachen unternehmen muss. Am liebsten lasse ich mich irgendwo nieder und versuche, mich dort, wo ich bin, einzuleben und mit Menschen am Ort in Kontakt zu treten. Immer bin ich überrascht, welchen Gewinn ich von spontanen Begegnungen oder Gesprächen habe. Man kann solche Dinge nicht planen, man muss dafür nicht einmal Kraft aufbringen, sondern sie einfach geschehen lassen.

Fragen Sie mich nach einer unvergesslichen Urlaubserfahrung in den letzten Jahren, dann erzähle ich Ihnen, wie ich zusammen mit einer alten, an Alzheimer erkrankten Großmutter Zwiebeln geschält habe. Die Familie der Frau führte eine Taverne auf einer griechischen Insel. Die Oma war ganz auf die Hilfe anderer angewiesen und wurde von ihrer Familie versorgt. Weil Kinder und Enkel im Betrieb alle Hände voll zu tun hatten, blieb sie meist im Haus oder auf einem Stuhl direkt vor der Küche der Taverne. Dort saß sie, versunken in ihre eigene Welt. Meist schwieg sie, manchmal murmelte sie vor sich hin. Und immer zupfte sie an ihrer großen Schürze herum, die sie über ihrer schwarzen Witwenkleidung trug.

Ich weiß nicht mehr, wie es kam – jedenfalls setzte ich mich eines Tages auf der Terrasse vor der Küche zu ihr, und wir fanden eine gemeinsame Beschäftigung: Zwiebeln schälen. Und das nicht nur einmal, sondern mehrere Male. So wie es eben kam. Sicherlich finden Sie das verrückt, dass man im Urlaub freiwillig Zwiebeln schält, aber uns beiden – der griechischen Oma und mir – machte es viel Freude. Die Alzheimerkrankheit hatte die alte Frau allmählich aus ihrem Alltag hinaus in eine stille, verschlossene Welt gedrängt. Sie verbrachte unendlich lange Tage in Wolken des Nichtverstehens und des Nichts-mehr-Wissens. Und dann auf einmal fanden ihre Hände eine Beschäftigung, die ihr vertraut war: Zwiebeln schälen für die Küche, wo ihre Töchter und die Enkel in großen Kesseln rührten, wo viel Betrieb war und wo es gut roch, so gut wie schon immer. Statt einfach dazusitzen und vor sich hin zu starren, wurde sie jetzt gebraucht. Es ist unglaublich: Zwiebeln schälen konnte sie noch, und sie tat es mit äußerster Konzentration. Manchmal redete sie dabei, aber ihre Worte waren, so sagte man mir, ohne Zusammenhang. Das war kein Problem, denn wir brauchten keine Worte, wir hatten es auch so gut miteinander. Wir schälten haufenweise Zwiebeln und weinten Ströme von Zwiebeltränen, was herrlich heilsam und entspannend war.

Seien Sie ehrlich: Das ist doch eine außergewöhnliche Erfahrung, auf einer kleinen Terrasse am Ägäischen Meer Zwiebeln zu schälen, oder? Es war Urlaub, ich hatte sonst keine Pläne, meine Einstellung war: Komme, was mag. Ohne Worte tauchte ich ein in das Leben einer kleinen griechischen Familie, die seit über 50 Jahren eine Taverne am Meer führt. Eine kulturelle Erfahrung, das war es. Oder vielleicht eher eine kulinarische? Schließlich bereiteten wir gemeinsam griechische Gerichte vor. Wir zwei, Oma und ich, waren ein wichtiges Glied in einem großen Geschehen, wir waren mitverantwortlich für den Erfolg der Taverne. Ohne uns wäre alles nichts gewesen, denn was wäre der griechische Salat oder Pastitsada ohne Zwiebeln? Die mediterrane Quisine ist so gesund wie keine andere Küche. Und Zwiebeln schälen ist therapeutisch: Ohne die Hilfe von Psychologen – was eine kostbare Sache ist – weint man sich einmal richtig aus und wird heil.

Dank Oma und den Zwiebeln wurde dieser Urlaub zu

einer Erholung pur – ich kehrte völlig ausgeruht und ausgeglichen in die Niederlande zurück.

»Verwirf mich nicht in den Tagen des Alters;
beim Schwinden meiner Kraft verlass mich nicht!«
Psalm 71,9 (M)

11. Nicht alles ist machbar ...

Es ist Juni 2023. Ich genieße einen wunderschönen Urlaub in den Bergen, als die Nachrichten Meldung machen von einem ›Submersible‹ mit dem Namen Titan, dessen Kontakt mit seinem Mutterschiff verloren gegangen ist.* Das Unterwasserfahrzeug machte eine Exkursion zum Wrack des Luxuspassagiersschiffes ›Titanic‹, das sich etwa 600 Kilometer von der kanadischen Küste entfernt auf 3800 Meter Tiefe am Boden des Ozeans befindet und dort 1985 entdeckt wurde.

Der tragische Untergang der Titanic ist weltweit bekannt. Das Schiff, das in Belfast gebaut wurde, war zu seiner Zeit das größte Passagierschiff der Welt und sollte unsinkbar sein. Am 10. April 1912 verließ es den Hafen von Southampton für seine Jungfernfahrt. Ziel der Reise war New York, aber die Titanic kam dort nie an.

---

* Anders als bei einem Unterseeboot braucht ein Submersible für seinen Start und für die Rückfahrt ein unterstützendes Mutterschiff.

In einer stockdunklen mondlosen Nacht fuhr das Schiff trotz mehrerer Eiswarnungen mit voller Kraft voraus. Die Folgen dieser Waghalsigkeit waren dramatisch. Der Dampfer prallte auf einen Eisberg von etwa 300 000 Tonnen und ging innerhalb von drei Stunden unter. Man war so überzeugt von der Stärke der Titanic gewesen, dass es nicht einmal genügend Rettungsboote gab, um alle Passagiere und die Besatzung im Notfall in Sicherheit zu bringen. Es würde ja nie einen Notfall geben! Während man um einen Platz in den Rettungsbooten kämpfte, spielte das Schiffsorchester auf dem Deck des sinkenden Schiffes seine letzte Musik.

Der oskargekrönte Film *Titanic* aus dem Jahr 1995 hat sicherlich dazu beigetragen, dass der Untergang der Titanic bis heute die Fantasie vieler Menschen anregt: 190 Minuten Drama und Romantik unter der Regie des kanadischen Filmregisseurs James Cameron, der selbst mehr als 30 Mal als Taucher beim Schiffswrack war. Das Wrack der Titanic am Boden des Ozeans mit eigenen Augen zu sehen, steht (wie auch eine Reise ins All oder die Besteigung des K2) hoch auf der Bucketliste vermögender Menschen.

Für die Unterwasserexkursion im Juni 2023 hat jeder der Passagiere etwa 230 000,– Euro bezahlt. Einer von ihnen ist ein pakistanischer Geschäftsmann und

Milliardär, der seinen 19-jährigen Sohn auf die Exkursion mitgenommen hat. Die anderen Mitfahrenden sind ein britischer Geschäftsmann/Millionär, dessen Name drei Mal im Guinnessbuch der Rekorde vorkommt, und der 77-jährige französische Tauchexperte Paul-Henri Nargeolet, der auch bekannt ist als »Monsieur Titanic«, weil er eine Faszination für das Titanicwrack hat und mehr als 35 Mal als Taucher dort war. Der fünfte Mann an Bord ist der Gründer des Unternehmens *OceanGate*, das den Titan bauen ließ. Die Männer verbindet ein abenteuerlicher Geist und sie können es sich leisten, außergewöhnliche Dinge zu tun.

Nun aber sieht es nicht gut aus. Das Mutterschiff, das den Titan in direkter Nähe des Titanicwracks abgesetzt hat, hat während dessen Abstieg zum Wrack den Kontakt mit ihm verloren. Die amerikanische Küstenwache hat mit Unterstützung durch das Militär, kanadischen Patrouillenflugzeugen und einem französischen Forschungsschiff eine Suchaktion gestartet. Die Welt hält die Luft an. In diesen Tagen sind Hunderte Flüchtlinge vor der Küste Griechenlands ertrunken, es ist aber der Titan mit fünf Menschen an Bord, der Schlagzeilen macht und der die Nachrichten beherrscht.

Nach fünf Tagen wird berichtet, dass Wrackstücke des Titans gefunden worden sind. Das Boot soll in großer

Tiefe durch den Druck der Wassermasse implodiert sein. Während seines Abstiegs zum Wrack des Passagierschiffes Titanic ist nun im selben Ozean in unmittelbarer Nähe der Titanic auch der Titan untergegangen. Keiner, der an Bord war, hat das Drama überlebt.

Die Parallele der zwei Schiffstragödien ist auffallend. In der Nacht, in der die Titanic unterging, hat es mehrere Eiswarnungen gegeben, die aber in den Wind geschlagen wurden. Man meinte unüberwindbar zu sein, das Schiff sei ja stark und unsinkbar. Auch das Unternehmen, das den Titan gebaut hat und damit Expeditionen organisierte, hat Warnungen ignoriert. Experten haben mehrere Male ihre Sorgen über die Sicherheit der Passagiere geäußert, weil der enorme Druck am Boden des Atlantischen Ozeans, dem das Boot ausgesetzt sein würde, ein hohes Risiko bedeute. Als der CEO des Betriebes darauf angesprochen wurde, dass man sich beim Bau des Titans nicht an alle Sicherheitsregeln gehalten habe, wies er die Kritik zurück. Das Boot sei so innovativ, dass es nicht an regulären Industriestandards gemessen werden könnte. Man wäre aber beim Bau mit »logic and engineering« vorgegangen, es gäbe also keinerlei Bedenken. Kurz gesagt: Man wollte das Wrack der Titanic sehen, aber hatte die Lektion ihres Untergangs vergessen. Die Arroganz und der Übermut, die 1912 zum Untergang der Titanic und zum Tod von gut 1500 Menschen geführt hatten, sind dieselben »Zutaten«, die 2023 zum Untergang des Titans führten, wobei fünf Menschen den Tod fanden. Darunter ein Junge im Alter von 19 Jahren.

Während ich auf dem Balkon eines Bauernhofes mit einer fabulösen Aussicht auf hohe Berge sitze, wird mir meine Kleinheit bewusst. Wir Menschen neigen oft zu Übermut, wir meinen das Leben zu beherrschen und vergessen dabei, wie klein und verletzlich wir sind. Wir suchen die Grenzen unserer Möglichkeiten und überschreiten sie wissentlich. Wir wollen die höchsten Berge bezwingen, in einer Raumkapsel das All besuchen, trotz Lawinenwarnungen abseits der Piste Ski fahren und extreme Sportarten wie Basejumping betreiben, obwohl wir wissen, dass die Überlebenschancen praktisch gleich null sind, falls etwas schiefgeht. Wir trotzen den Gefahren, weil wir meinen, allmächtig und unüberwindbar zu sein. Allmächtig und unüberwindbar ist aber nur Gott. Uns geziemt Bescheidenheit.

»Erhebt euer Horn nicht hoch,
redet nicht mit frech emporgerecktem Hals! ...
Denn der Herr ist ein großer Gott und ein großer König
über alle Götter. In seiner Hand sind die Tiefen der Erde,
und die Gipfel der Berge gehören ihm. Sein ist das Meer,

denn er hat es gemacht, und seine Hände haben das Festland bereitet. Kommt, lasst uns anbeten und uns beugen, lasst uns niederfallen vor dem Herrn, unserem Schöpfer!«
Psalm 75,6; 95,4–6

12. Vom Müllwagen verfolgt

In den ersten Jahren unseres Lebens teilten meine Schwester und ich ein Zimmer, bis unsere großen Brüder auszogen und ihre Zimmer eingenommen werden konnten. Meine neue Unterkunft war auf demselben Flur wie das Schlafzimmer unserer Mutter, meine Schwester bekam ein Zimmer unterm Dach. Es war sehr vornehm, denn es hatte einen kleinen Nebenraum mit einem Waschbecken und ausreichend Platz zum Aufbewahren von allerlei Dingen. Ich vermute, dass das Letztere mit ein Grund dafür gewesen ist, dass meine Schwester dieses Zimmer bekam, denn sie war extrem unordentlich und brauchte viel Platz. Leider beseitigte das neue Zimmer mit dem Abstellraum dieses Problem nicht, denn es bot nur mehr Raum für mehr Dinge und war bald vollgestaut mit allerhand Schätzen, die sie leidenschaftlich sammelte und bewahrte. Für meine Mutter, die sehr ordentlich war, war das schwer zu ertragen. Immer wieder versuchte sie, meine Schwester dazu zu bewegen aufzuräumen, aber weder ihre Anstrengungen noch ihr Flehen (oder ihre Wut) brachten das so sehr ersehnte Ergebnis.

Eines Tages war meine Mutter dermaßen mit ihrer Geduld am Ende, dass sie meiner Schwester eine Frist setzte. Wenn ihr Zimmer am nächsten Morgen nicht aufgeräumt wäre, würde sie alle Gegenstände, die herumlagen, aus dem Haus tragen und beim Müll abstellen. Es war meiner Mutter ernst, das war uns deutlich. Und das Schlimme war: Am nächsten Tag kam der Müllwagen.

Wir waren wirklich beeindruckt, dennoch schaffte meine Schwester es nicht, ihr Zimmer aufzuräumen. Als ich sie am nächsten Morgen außer Hörweite unserer Mutter fragte, wie sie das Problem lösen wollte, zuckte sie mit den Schultern und sagte, dass sie keine Probleme erwartete. Unsere Mutter würde sicherlich nie so weit gehen, dass sie ihre Besitztümer beim Müll abstellen und von der Müllabfuhr mitnehmen lassen würde. Meine Schwester klang selbstsicher, ich selbst hatte meine Zweifel. Dass diese Zweifel nicht unberechtigt waren, sollte sich bald bewahrheiten.

Ich vermute, dass wir zu dieser Zeit 14 und 15 Jahre alt waren. Wir gingen zur selben Mittelschule, die etwa zehn Minuten zu Fuß von unserem Haus entfernt war. Es war gegen Mittag, und während ich von einem

Klassenzimmer in ein anderes wechselte, da tauchte meine Schwester auf und stürmte ganz aufgeregt auf mich zu. Ihr war plötzlich bewusst geworden, dass unsere Mutter ihre Drohung vielleicht doch in die Tat umsetzen könnte. Ich sollte darum direkt mitkommen und meiner Schwester helfen, ihre Sachen zu retten, falls sie tatsächlich beim Müll standen. Als ich protestierte und ihr sagte, dass ich die nächste Unterrichtsstunde nicht verpassen wollte, brach sie vor lauter Stress in Tränen aus.

Ganz angerührt von ihrer Verzweiflung gab ich nach. Wir rannten zur Garderobe, griffen unsere Mäntel vom Haken und eilten nach Hause. Als wir etwa auf halbem Weg das schwere Brummen des Müllwagens hinter uns wahrnahmen, holten wir tief Luft und beschleunigten unsere Schritte. Koste es, was es wolle, wir würden dem Müllmonster voraus bleiben.

Meiner Schwester war direkt anzusehen, dass sie das Schlimmste befürchtete, und sie hatte recht. Als wir an der Ecke der Straße links abbogen und in die Richtung unseres Hauses galoppierten, sahen wir von Weitem bei der Hausnummer 47 nicht nur unseren Mülleimer, sondern vieles mehr, was zum Mitnehmen bereitstand. Neben dem Plattenspieler meiner Schwester stand eine Schachtel mit Schallplatten, daneben ihre Gitarre, und rundum waren Ordner, Hefte und Bücher, alte

Spielsachen und Kleider aufgestapelt. Wir waren einem Nervenzusammenbruch nahe, wir mussten uns aber zusammenreißen und anpacken, um zu verhindern, dass der »Hausrat« meiner Schwester ein ruhmloses Ende auf der Mülldeponie finden würde.

Sobald wir bei unserem Haus angekommen waren, fingen wir an, alles in Sicherheit zu bringen. Verschwitzt und außer Atem kämpften wir verbissen um die Rettung der Schätze meiner Schwester. Wir schleppten alles so schnell wie nur möglich vom Gehweg in den Garten. Dass die Müllmänner, die uns immer näher kamen, sich dabei lustig über uns machten und der Fahrer extra laut hupte, haben wir mutig ignoriert.

Als wir unsere Mission vollbracht hatten, ging es zuerst in die Küche, um unseren Durst zu löschen. Dort wurden wir erwartet von ... unserer Mutter, die uns quasi lässig fragte, wie das denn sein könne, dass wir beide so früh zu Hause waren? Der Unterricht sei doch sicherlich nicht vorbei? Meine Schwester war so entsetzt, dass sie keine Silbe herausbrachte. Ob und wie ich reagiert habe, weiß ich nicht mehr. Was mir aber in Erinnerung geblieben ist, ist die Scham, die wir beide empfanden, als wir versuchten, die vielen Sachen ungesehen zurück ins Haus und dann in das Zimmer meiner Schwester zu bringen. Meine Mutter war so weise, sich in dieser Stunde nicht zu zeigen, weil das für meine Schwester sicherlich demütigend gewesen wäre. Sie hat auch nie über diesen Vorfall gesprochen, jedenfalls nicht mit uns. Sie wird aber sicherlich in sich hineingeschmunzelt haben über ihre Aktion.

Wenn ich an diesen Vorfall zurückdenke, dann vermute ich mit der Weisheit von heute, dass unsere Mutter vorher irgendetwas mit den Müllmännern verabredet haben muss. Vielleicht sollten sie die Sachen zwar mitnehmen, aber sie nicht auf den großen Haufen werfen, sondern irgendwo gesondert abstellen, damit meine Schwester sie später abholen könnte. Das ist zwar möglich, aber nicht sicher. Damals in der Not habe ich übrigens keine Sekunde an diese Möglichkeit gedacht. Wir waren voll fokussiert auf unsere Mission: die Rettung von allen Gegenständen, die unsere Mutter aus dem Haus getragen und beim Müll abgestellt hatte.

Meine Schwester lebt heute mit ihrem Mann in einem aufgeräumten Haus in England. Eine ihrer Töchter lebt in einem Haus, das mit zwei pubertierenden Jungens etwas unordentlich, aber wild gemütlich ist. Bei der anderen Tochter, die drei Jungs hat, ist es ähnlich. Ich selbst kämpfe mit einem chronischen Zuviel an Büchern, die hier und da herumliegen, weil meine Bücherregale brechend voll sind. Dann und wann fülle ich einen Karton mit Büchern und bringe sie zu einem Secondhandladen.

Wenn ich den Karton abgegeben habe, nehme ich mir etwas Zeit, um noch ein wenig herumzuschnüffeln. Das ist nicht ohne Risiko, und es hat oft zur Folge, dass ein neuer Karton gefüllt mit Büchern und Schnäppchen wieder mit nach Hause kommt. Dramatisch ist das nicht, denn ein Haus kann auch *zu* aufgeräumt sein, und das wirkt nur steril.

»Aufbewahren hat seine Zeit,
und Wegwerfen hat seine Zeit …«
Prediger 3,6

13. Erdbeben in der Nacht

Es war in der zweiten und letzten Woche eines Urlaubs auf der griechischen Insel Kefalonia, dass ich um etwa vier Uhr nachts aufwachte, weil sich mein Bett durchs Zimmer bewegte. Ich war sofort hellwach. Als ich mich auf den Urlaub vorbereitete, hatte ich gelesen, dass Kefalonia 1953 von einem sehr schweren Erdbeben erschüttert worden war und dass es dort noch immer vorkommt, dass sich die Erde bewegt. Die Inselbewohner sollen sich im Laufe der Zeit an dieses Phänomen gewöhnt haben, für mich aber war diese Erfahrung ein großer Schock. Ich sprang aus meinem Bett und stürmte in den Nebenraum, wo die Freundin schlief, mit der ich in Urlaub gefahren war.

»Aufwachen!«, rief ich. »Bitte wach auf und zieh dich an, es ist ein Erdbeben, wir müssen sofort aus dem Haus raus!« Ruth, die tief geschlafen hatte, musste zuerst überlegen, wo sie war. Ich war schon zurück in meinem

Zimmer, da tönte es schlaftrunken hinter mir her: »Was ist los?« – »Ein Erdbeben«, rief ich zurück. »Zieh dich an und steck deinen Reisepass in die Hosentasche!« Ich war von mir selbst überrascht: Es war mitten in der Nacht, und doch hatte ich die Lage wirklich voll im Griff.

Während ich mich anzog, hörte ich leises Gepolter im Nebenraum. Ruth war also auch aufgestanden, bald würden wir uns in Sicherheit bringen. Ich steckte meinen Reisepass in meine Jeanstasche, nahm meinen Rucksack mit dem Geld und den anderen wichtigen Sachen und hastete zurück in das Zimmer meiner Freundin. Da … traf mich der Schlag! Ruth saß in aller Ruhe auf der Bettkante, in der einen Hand ihren Lippenstift, in der anderen einen Spiegel.

Ich muss sagen, dass Ruth immer perfekt aussieht. Sie würde nie ohne Make-up aus dem Haus gehen. Gar nie. Auch nicht, so entdeckte ich jetzt, wenn ihr Leben von einem Erdbeben bedroht war. Ein paar Sekunden stand ich wie festgenagelt in der Türöffnung, dann schrie ich entsetzt: »Ruth, wir müssen raus, es hat gerade einen heftigen Erdstoß gegeben, wer weiß, was noch kommt. Im Haus sind wir nicht sicher, also komm!«

Ruth blickte kurz zu mir auf. Dann legte sie Spiegel und Lippenstift auf ihr Bett und faltete die Hände. »Lieber Gott«, betete sie laut, »wir wissen nicht, was los ist ...« Mit zitternder Stimme unterbrach ich sie. »Wir wissen, was los ist: ein Erdbeben!« Ruth reagierte nicht. Mit unerschütterlicher Ruhe betete sie weiter: »Herr, wir wissen nicht, wie wir reagieren sollen!« Ich war langsam am Ende und hatte Mühe, meine Ungeduld zu zügeln. »Ruth«, rief ich, »wir wissen, wie wir reagieren sollen! Bei einem Erdbeben soll man das Haus verlassen! Und zwar unverzüglich!«

Jetzt machte Ruth ihre Augen auf. »Also gut«, sagte sie ruhig. »Wenn du das unbedingt willst, dann gehen wir hinaus.« Sie steckte Spiegel und Lippenstift in ihre Handtasche und ging mit mir zur Tür und aus dem Haus.

Draußen war es stockfinster und es herrschte eine unheimliche Stille. Nicht einmal ein Hund bellte, was wirklich sonderbar war. Wir spähten in die Nacht hinein in der Hoffnung, irgendwo einen Menschen zu entdecken. Aber es blieb still. Nach ein paar Minuten sprach meine Freundin aus, was ich, ehrlich gesagt, inzwischen auch schon gedacht hatte: »Wenn was Schlimmes passiert wäre, dann wären doch noch andere Menschen draußen, oder?«

Ich gab mich nicht so schnell geschlagen. »Vielleicht«, mutmaßte ich, »vielleicht haben nur wir etwas gemerkt.« Dieses »wir« war absichtlich so formuliert: Ich wollte ja nicht die Einzige sein, die sich blamierte.

Ich holte tief Luft. »Vielleicht sollten wir die Menschen warnen«, schlug ich vor. Das war lächerlich, das wusste ich. Aber ich musste doch etwas sagen. Ruth zuckte die Achseln und gähnte. »Du kannst machen, was du willst«, sagte sie. »Ich gehe jetzt wieder schlafen.« Sie drehte sich um und ging zurück ins Haus. Ich spitzte noch mal die Ohren und schaute mich um, dann ging auch ich ins Haus. Aus dem vorderen Zimmer erklang ein leises, entspanntes Schnarchen. Ruth schlief schon wieder. In der Finsternis tastete ich mich zurück zu meinem Zimmer. Mein Bett stand tatsächlich nicht mehr ganz an der Wand, sondern war ein wenig abgerückt. Also hatte es wirklich einen kleinen Erdstoß gegeben, eben so klein, dass sich die Inselbewohner davon nicht hatten stören oder aufregen lassen. Falls sie ihn überhaupt mitbekommen hatten!

Auf der Insel Kefalonia bin ich nie wieder gewesen. Ich erzähle aber gern von dieser Nacht, in der ich so unglaublich tapfer reagiert und gehandelt hatte. Und von meiner Freundin, deren Priorität es auch in dieser großen Not gewesen war, perfekt auszusehen. Die Kinder und vor allem die Enkel meiner Freundin können von dieser Geschichte gar nicht genug kriegen. Ruth selbst aber meint, dass ich das Ganze – und vor allem ihr Verhalten – aufbausche. Während wir uns alle biegen vor Lachen, mache ich ihr dann immer ein großes Kompliment. Es ist gut, wenn man gepflegt aussieht; ganz beeindruckend finde ich aber, dass Ruth in aller – meiner – Aufregung ihre Hände faltete und Gott fragte, was wir tun sollten. Dieses Gebet ist doch in allen Umständen das Richtige und wirklich Wichtige.

»Der Herr ist meines Lebens Zuflucht,
vor wem sollte ich erschrecken?«
Psalm 27,1 (ZB)

14. Die Turteltauben

Zwei Turteltauben haben meinen Garten für einen Flirt ausgewählt. Es ist total rührend zu sehen, wie sehr er sich bemüht, um sie für sich zu gewinnen. Sie lässt sich aber nicht so einfach von ihm beeindrucken, sondern macht es ihm eher schwer. Während sie quasi lässig, dennoch kokett ihre Runden in meinem Garten geht, läuft er ihr voller Verlangen nach, streckt sich nach ihr, beugt den Hals. Seine Verrenkungen haben aber keine Auswirkung, denn sie blickt nicht zurück.

Sie ist aber nicht dumm, sie spielt ihr Spiel, und sie macht das gerissen. Dann und wann macht sie halt und pickt hier und da willkürlich im Gras, was er als Zeichen versteht, dass er ihr etwas näher kommen darf. Leider hat er das nicht richtig eingeschätzt, denn sobald er in ihrer direkten Nähe ist, setzt sie sich in Bewegung und stolziert davon. Wenn er darauf die Verfolgung erneut und mutig aufnimmt, beschleunigt sie – wie durchtrieben! – ihre

Schritte. Das alles dauert eine Weile, bis sie auffliegt und sich auf den Zaun setzt. Er zögert kurz, dann fasst er Mut und fliegt ebenfalls auf. Wenn er sich neben sie setzt, zeigt sie sich etwas gefälliger als vorher, denn sie rückt ihm ein bisschen näher und schmeichelt sich sogar an ihn an.

Vor lauter Hoffnung streckt er sich ihr entgegen und berührt ihren Hals ganz zart mit seinem Schnabel. Das ist ihr direkt zu viel. Die kleine amouröse Annäherung kann absolut nicht ihren Beifall finden. Sie wendet sich entschieden von ihm ab, schaut sich um und fliegt weg. Er bleibt etwas verstört sitzen, dann fliegt er ihr nach. Sie hat sich inzwischen in die Dachrinne gesetzt, und nun landet er auch dort, und die Spielerei fängt von Neuem an.

Ich zweifle nicht daran, dass dieses Getue in meinem Garten dazu führen wird, dass das Turteltaubenpaar sich ein Nest bauen und eine Familie gründen wird. Ich weiß schon, was ich zu erwarten habe, denn ich befürchte, dass mein Kastanienbaum auch dieses Jahr als ihr Zuhause auserwählt werden wird. Herr Taube ist schon mit kleinen Zweigen beschäftigt gewesen und er war verdächtig oft in der Nähe dieses Baums. Das wird viel Taubendreck geben und ein andauerndes Gegurre unter dem Fenster meines Schlafzimmers.

Es sind etwa zehn Tage vergangen, und es ist offensichtlich eine neue Phase angebrochen, denn Herr Taube ist nun nicht mehr vollbeschäftigt mit dem Liebäugeln und Schielen nach seiner Auserkorenen. Er hat alle Krallen voll zu tun mit seinem Bauprojekt in – tatsächlich! – meinem Kastanienbaum. Es sieht danach aus, dass er einen Bund schließen konnte mit Fräulein Taube. Er muss ihr nicht mehr nachjagen, denn sie sitzt zufrieden auf dem Zaun und ist offensichtlich auf ihn fixiert. Für spielerisches Kokettieren ist nun keine Zeit mehr. Dann und wann setzt er sich zu ihr auf den Zaun und gurrt ihr etwas Liebes ins Ohr. Dann nickt sie zufrieden und macht die Augen zu. Sie sitzen Schulter an Schulter und haben das Territorium für sich allein, denn die anderen Tauben, die auch schon mal in meinem Garten waren, haben sich inzwischen woanders angesiedelt. Ein jeder wird einen Ort gefunden haben, wo er seine Familie gründen kann.

Inzwischen hat sich in meinem Garten auch ein Kohlmeisenpaar niedergelassen. Sie haben sich das Nistkästchen an der Wand meiner Garage als Behausung gewählt. Von einer langen Vorstellung oder engagiertem Flirt habe ich bei ihnen nichts bemerkt, sie sind eines Tages einfach zu zweit aufgetaucht. Das Paar hat es sichtlich leichter als die Turteltauben, denn sie haben mit dem Nistkästchen an der Wand meiner Garage ein Fertighaus für sich bekommen. Dennoch stehen auch sie vor einer beachtlichen Herausforderung. Ihr Nest ist nicht offen wie das der Tauben. Was von ihnen gefragt wird, ist, dass sie mit Moos und anderem Nestmaterial in ihrem Schnabel gezielt anfliegen und ohne Zögern durch die kleine runde Öffnung in ihr Häuschen fliegen. Wenn sie drinnen sind und ihren Teppich ausgefüllt und festgestampft haben, müssen sie es irgendwie hinkriegen, ihr Haus ohne Probleme zu verlassen. Sie brauchen dabei akrobatische Fähigkeiten, denn in dem engen Raum müssen sie zuerst die hoch oben gelegene Öffnung erreichen, dann müssen sie sich, ohne zu zögern, durch dieses kleine Loch herauswinden und sobald sie draußen sind, ihre Flügel ausbreiten und wegfliegen. Ich ziehe meinen Hut vor ihnen.

Ich freue mich auf neues Leben in meinem Garten. Das Gepiepe der jungen Vögel im Nistkasten und im Kastanienbaum, der Gesang und das Gurren der Eltern und ihr andauerndes Suchen nach Insekten, Unkrautsamen, kleinen Käfern oder anderen Nahrungsmitteln für die Jungen werden ein wunderschönes Konzert und ein faszinierendes Schauspiel bieten.

Leider gibt es Kräfte, die diese Idylle zerstören können. Und zwar hat der Katzenklub in meiner Straße meinen Vorgarten als seine Vereinstoilette ausersehen.

Die Anwesenheit seiner Mitglieder ist für die Vögel in meinem Garten äußerst beunruhigend und risikovoll. Mir selbst sind die Katzen ein Pfahl im Fleisch. Sobald ich ein Exemplar in meinem Garten bemerke, hämmere ich leidenschaftlich gegen die Fensterscheiben, oder ich stürze mich mit meiner Wasserpistole in den Garten. Dass die Anschaffung dieses Geräts meine Popularität bei den Kindern in der Straße beträchtlich gesteigert hat, ist selbstverständlich. Dass die Katzen sich allerdings völlig unbeeindruckt zeigen, ist eine Kränkung.

Wie auch immer, ich werde mich nach wie vor dafür einsetzen, dass meine Gartenvögel es gut bei mir haben und vor einem plötzlichen, schmerzhaften Tod bewahrt werden.

»Und Gott sprach:
Das Wasser soll wimmeln von einer Fülle
lebender Wesen, und es sollen Vögel dahinfliegen
über die Erde an der Himmelsausdehnung.«
1. Mose 1,20

15. Der Tankwart und die Polin

Er ist ein etwas korpulenter und schmuddeliger Mann. Sein Standort ist die Tankstelle in einer kleinen Stadt. Dort sitzt er in einem winzigen Raum hinter einer großen beschlagenen Glaswand und nimmt das Geld seiner Kunden entgegen. Auf der Theke liegen Süßigkeiten, die man kaufen kann, daneben gibt es einen kleinen Tiefkühlapparat mit Eis und Dosen mit Cola und Tonic. Der Raum ist vollgepackt mit allerhand Sachen. In einer Ecke liegen Autoreifen aufgestapelt, daneben liegt ein Haufen alte Tücher, auf einem Regal stehen Sprühdosen, Büchsen und Schachteln.

Es ist Winter, als eines Tages eine korpulente Dame bei der Kasse sitzt. Sie ist stark geschminkt, hat knallrote Lippen und falsche Wimpern. Ihre Haarfarbe ist eine Mischung aus Rot und Violett. Sie trägt einen dicken Pelzmantel und sitzt direkt neben dem kleinen Heizstrahler, dennoch scheint ihr kalt zu sein. Niederländisch kann sie nicht, sie soll aber dabei sein, es zu lernen.

Es stellt sich heraus, dass die Dame aus Polen kommt. Der Tankwart erzählt mir stolz, dass er über das Internet mit ihr in Kontakt getreten ist und sie in die Niederlande geholt hat. Sein Leben hat sich dadurch positiv verändert. Die Frau wohnt jetzt bei ihm und versorgt ihn und den Haushalt. Ihr Sohn wird irgendwann nachkommen und wie seine Mutter als neue Arbeitskraft in der Tankstelle eingesetzt werden.

Hinter der kleinen Theke ist die Dame in ihrem dicken Pelzmantel eine imposante Erscheinung. Man sieht ihr aber an, dass sie sich schwertut und sich bemühen muss, um positiv zu wirken. Sie zeigt sich tapfer, aber ich vermute, dass sie anderes erwartet hatte. Wirkte der Mann der Tankstelle beim Internetkontakt für sie wie der Prinz auf dem weißen Pferd? Wurden ihr goldene Berge versprochen und hatte sie gedacht, in den Niederlanden gut aufgehoben und versorgt zu sein? Erhoffte sie sich eine liebevolle Beziehung mit dem Tankwart und für ihren Sohn eine Zukunft, in der sich Türen öffnen würden und er eine gute Arbeitsstelle finden würde? War ihr bewusst, dass sie ihre Tage in einem kleinen Raum mit Aussicht auf vier Tanksäulen verbringen würde und dass sie daneben für den Haushalt des Tankwarts und sich zu sorgen hatte?

Ich frage mich, wie der Kontakt zwischen den beiden

ist, wie sie miteinander kommunizieren? Ob er sich bemüht, ihre Muttersprache zu lernen, oder von ihr erwartet, dass sie Niederländisch lernt und sich bemüht, sich so schnell wie nur möglich an das Leben hier zu gewöhnen und anzupassen?

Nach einigen Wochen erscheint der Sohn der Dame. Er wird eingesetzt als neue Kraft bei der Tankstelle. Der Verwalter oder Eigentümer lässt sich nur noch selten blicken. Wenn er da ist, steht er entspannt in dem kleinen Raum und unterhält sich lässig mit seinen Kunden. Er kann es sich leisten, denn Mutter und Sohn managen die Tankstelle. Der Junge ist meistens draußen, um Kunden zu helfen oder kleinere Arbeiten zu erledigen. Der »Chef« lehnt an der Wand und schaut beifällig zu. Ich fühle mich nicht ganz wohl dabei.

Selbstverständlich bin ich mir nicht sicher, ob ich die Situation richtig einschätze oder ob es meine Fantasie ist, die mir ein trauriges Bild vor Augen malt. Es gelingt mir aber nicht, mich von dem Eindruck zu befreien, dass die Frau in einer für sie unangenehmen Situation gelandet ist. Der Tankwart muss es übrigens nicht unbedingt schlecht mit ihr gemeint haben, dennoch frage ich mich, ob er sich genügend in ihre Lage versetzt oder an erster Stelle an seine eigenen Bedürfnisse gedacht hat, als er sie und ihren Sohn zu sich einlud. Ich würde gerne mit ihr sprechen – aber wer bin ich, mich hier einzumischen? Die Frau wirkt auch nicht so, als wünschte sie sich Kontakt. Es würde auch nicht funktionieren, weil sie der niederländischen Sprache nicht mächtig ist. Und helfen kann ich ihr nicht wirklich. Es ist auf jeden Fall positiv, dass sie jetzt ihren Sohn bei sich hat. Dennoch ...

Meine Freunde, die mir öfter vorwerfen, dass ich einen »Messiaskomplex« habe und die ganze Welt retten will, raten mir, die Sache auf sich beruhen zu lassen. »Du bist nicht für alles und jeden verantwortlich und musst nicht überall helfen!«, sagen sie. »Du denkst vielleicht, dass die Polin gegen ihren Willen in der Tankstelle arbeitet oder sogar, dass sie Opfer des Menschenhandels ist. Aber sie lebt nicht versteckt. Und wenn sie Hilfe brauchen würde, hat sie die Gelegenheit, Kunden anzusprechen, denn sie ist öfter allein im Raum, und sie hat einen Sohn, der, wenn nötig, eingreifen könnte.«

Meine Freunde haben recht. Diese Frau und ihr Sohn sind in der Lage, sich, wenn nötig (und wenn aktuell!), aus einer eventuell unerwünschten Situation zu retten. Wir müssen nicht alle Probleme anderer Menschen bewältigen, wir können es auch nicht. Dennoch will ich aufmerksam bleiben, denn es kommt vor, dass es Umstände (oder eher Missstände) gibt, die ans Licht gebracht werden sollen. Angenehm ist das nicht, aber dass es wirklich und dringend nötig sein kann, wurde mir deutlich, als ich beim niederländischen Fernsehen tätig war und wir in Amerika einen Dokumentarfilm machten über Kinder, die vermisst wurden.

Ich erinnere mich an ergreifende Gespräche mit Eltern, die seit Jahren auf der Suche nach ihrem verschwundenen Kind waren. Bei einem Elternpaar ging es um einen Jungen, der zum ersten Mal allein mit dem Bus zur Schule fahren durfte, aber dort nie ankam. Bei einem anderen Paar erzählte uns die Mutter, dass sie ihr Kind nur wenige Minuten allein gelassen hatte, in der Spielzeugabteilung eines großen Geschäftes. Als sie zurückkehrte, war es nicht mehr da. Entführt und nie wiedergefunden. Ich werde nie vergessen, dass diese Mutter uns ans Herz legte, nicht wegzuschauen, wenn wir einen Erwachsenen mit einem brüllenden Kind sehen. »Zögere nicht, sondern frage das Kind, ob die Frau seine Mama oder der Mann sein Papa ist«, sagte sie uns. »Es kann ja sein, dass das Kind von einem Fremden mitgenommen wurde und um Hilfe schreit. Und wenn das nicht so ist, dann hast du dir zumindest die Mühe gemacht nachzufragen, ob alles in Ordnung ist.« Ihre Botschaft ist deutlich. Man darf seine Augen nicht vor Situationen verschließen, die verdächtig sind. Es kann erforderlich sein, dass wir in irgendeiner Weise handeln.

Wie es der Polin gegangen ist, weiß ich leider nicht. Als ich nach einer Unterbrechung von mehreren Wochen wieder einmal an der Tankstelle bin, ist dort kein Mensch zu sehen. Der Kassenraum ist geschlossen und leer. Auch ein Nebenraum ist zu. Bei den Tanksäulen ist alles automatisiert, zahlen tut man bei einem Automaten. Auf meinem Kassenzettel steht ein neuer Name.

»Denkt nicht nur an euer eigenes Wohl,
sondern auch an das der anderen!«
Philipper 2,4 (NeÜ)

16. Eine Hochzeitssuite in meinem Haus

Eine Freundin von mir, die standesamtliche Trauungen vollzieht, hat öfter tolle Geschichten über ihre Erfahrungen im Trausaal zu erzählen. So erzählte sie einmal von einem Bräutigam, der so nervös war, dass sie ihn an die Hand nehmen und ihn vom Trauzimmer zur Toilette und wieder zurück begleiten musste. »Unterwegs haben wir immer wieder haltmachen müssen«, sagte sie mir, »weil ihm schwindlig war und er von Kopf bis Fuß gezittert hat.« Auch hat es eine Braut gegeben, die vor lauter Spannung einen Lachkrampf bekam und nicht mehr aufhören konnte. Während sie sich vor Lachen bog, ging ihr Lachen allmählich in einen Schrei über, der immer schriller wurde und durch Mark und Bein ging. Dass der Bräutigam nach dieser Aufführung noch immer dazu bereit war, seiner Braut das Jawort zu geben, mag ein Wunder heißen.

Eine unvergessliche Erfahrung, die ich selbst mit

einem Brautpaar hatte, hat in meinem Wohnort und in meinem Haus stattgefunden. Es betraf ein älteres Paar. Sie waren beide verwitwet und hatten erwachsene Kinder und Enkel. Es war ein großes Geschenk, dass sie sich gefunden hatten und eine neue Ehe erleben durften.

Als die Hochzeit vorbereitet wurde, fragte der Bräutigam mich, ob ich dazu bereit wäre, seine Trauzeugin zu sein. Das tat ich gerne, es war mir eine Ehre. Und so kam es, dass ich eines Morgens mit dem Brautpaar, ihren Familien und einigen ihrer Freunde zum Standesamt ging, wo die Trauung stattfinden sollte. Es lief alles gut, und nachdem die Ehe geschlossen worden war und der Standesbeamte seine kleine Rede gehalten hatte, machten wir uns auf zu einem Restaurant, wo ein Mittagessen für eine kleine Gesellschaft vorgesehen war.

Wir hatten den ersten Gang der Mahlzeit hinter uns, als mir auffiel, dass der Bräutigam recht müde aussah. Offensichtlich hatten die letzten Wochen der Vorbereitungen für die Hochzeit ihre Spuren hinterlassen. Der erste Schritt war gesetzt worden – die standesamtliche Trauung war vorbei –, nun kam mit der Erleichterung auch eine große Müdigkeit hoch. Ich war besorgt, denn wir hatten noch einige Stunden zu überbrücken bis zur kirchlichen Trauung, die erst um 19.00 Uhr stattfinden würde. Ich fragte mich, ob das Paar es schaffen würde, dann noch so fit zu sein, dass sie einen Gottesdienst mit einem kleinen Empfang im Anschluss überleben würden.

Guter Rat ist teuer, wird gesagt. Mein Rat kostete nichts. Ich ging auf den Bräutigam zu und flüsterte ihm ins Ohr, ob es vielleicht eine gute Idee wäre, wenn er und seine Braut sich kurz hinlegen würden? Im Restaurant lief alles bestens, an den Tischen wurde heiter geredet und gelacht, vielleicht wäre es gar nicht dramatisch, wenn das Brautpaar eine Weile verschwinden würde? Der Bräutigam und seine Braut reagierten dankbar auf meinen Vorschlag, und mein Angebot, sie beide für ein erfrischendes Nickerchen in meinem Haus unterzubringen, wurde gerne angenommen. Nachdem ich die Kinder des Paares informiert hatte, schlichen wir auf leisen Sohlen aus dem Festsaal in der Hoffnung, dass das niemandem auffallen würde.

Leider hatten wir die Rechnung ohne den Wirt gemacht, denn als wir im Gang standen, waren wir nicht allein. Ein Ehepaar, das für die Hochzeit aus Südafrika angereist war, war uns nachgelaufen und fragte uns, was wir vorhatten. Als ich ihnen sagte, dass das Brautpaar dringend eine Ruhepause brauchte und ich sie mit nach Hause nehmen würde, fragten sie spontan, ob sie mitkommen dürften. Die lange Reise aus Südafrika wirkte noch nach, sie waren erschöpft. Aus lauter Angst, dass sich noch mehr Ruhebedürftige bei mir melden würden, pfropfte ich die vier so schnell wie möglich in mein Auto und fuhr geschwind nach Hause. Dort veränderte sich mein Gästezimmer in wenigen Minuten in eine Brautsuite, während mein Wohnzimmer als Schlafraum der zwei mir fremden Gäste aus Südafrika diente. Im Gang standen vier Paar glänzende Festschuhe kreuz und quer durcheinander.

In dieser kurzen »Auszeit« verschanzte ich mich mit einem Becher starkem Kaffee in der Küche. Oben in der Brautsuite war es auffallend still. Das frisch verheiratete Paar genoss seine erste Hochzeitsreise – sie waren direkt ins Land der Träume abgereist. Im Wohnzimmer dagegen war es laut, dort wurden große Bäume umgesägt. Als ich einen kurzen Blick in das Zimmer warf, lag der Mann aus Südafrika mit weit offenem Mund auf der Couch und schnarchte ohrenbetäubend laut, während seine Frau es sich in einem kleinen Sessel bequem gemacht hatte. Bequem kann es nicht wirklich gewesen sein, denn der Sessel war zu eng für sie und sowohl ihre Festkleidung als auch sie selbst sahen ziemlich zerknittert aus. Ich befürchtete, dass sich bei ihrem Aufwachen herausstellen würde, dass wir eine Physiotherapeutin und eine Büglerin brauchen würden.

Die Geschichte bekam ein aufsehenerregendes Ende. Nach etwa zwei Stunden parkte das glänzende und geschmückte Brautauto vor meinem Haus, um das neu belebte Brautpaar abzuholen. Was meine Nachbarn sich dabei gedacht haben, werde ich wohl nie wissen. Aufgefallen ist das Geschehen auf jeden Fall. Denn als das Auto mit dem Brautpaar wegfuhr, schlossen alle Gäste sich mit ihren Autos an, und es formte sich ein imponierender Hochzeitszug.

Die kirchliche Trauung am Abend ist optimal verlaufen. Der Bräutigam und seine Braut waren frisch und munter und sehr glücklich. Ich selbst war so erleichtert, dass wir alles zu einem guten Ende gebracht hatten, dass ich vermute, dass ich während des Traugottesdienstes ein superkurzes, stilles und unsichtbares Nickerchen gemacht habe. Aber beim Empfang war ich wieder voll dabei.

»Ich will mich in Frieden hinlegen
und schlafen ...«
Psalm 4,9 (NL)

17. Singt dem Herrn!

Es war bei einer Bibelwoche, wo ich eine Vortragsreihe hielt. Ganz vorne saß eine ältere Dame, die sich sichtlich darüber freute, so intensiv mit Gottes Wort beschäftigt zu sein. Ihre Bibel lag aufgeschlagen auf ihrem Tisch, daneben ihr Notizbuch und Schreibzeug. Über solche Zuhörer (und Mitschreiber) freut sich der Referent!

Beim Singen hatten wir eine Auswahl von Liedern aus mehreren Liederbüchern. Bei allen gewählten Liedern – ob alt oder neu – sang die ältere Dame in der ersten Reihe voller Hingabe mit. Sie artikulierte dabei so deutlich, dass ich mich fragte, ob sie vielleicht in ihren jüngeren Jahren mit gehörlosen Menschen gearbeitet hatte. Wie es auch sei, es war eine Freude, sie zu sehen, denn beim Singen leuchtete ihr ganzes Gesicht auf.

Eines Morgens durfte ich selbst Zuhörer eines Vortrags sein. Ich hatte neben der begeisterten Sängerin Platz genommen, und wir schlugen ein Liederbuch auf, um das erste Lied zu singen. Klavier und Gitarre fingen an, die Stimmen der Anwesenden setzten ein. Dann fiel mir etwas auf: Neben mir blieb es still. Ich blickte so unauffällig wie nur möglich nach meiner Nachbarin und sah, dass sie wie vorher beim Singen die Worte sehr nachdrücklich mit ihrem Mund artikulierte. Einen Ton brachte sie dabei aber nicht hervor.

Während einer kurzen Pause erkundigte ich mich vorsichtig nach dem Grund des stillen Singens. Meine Nachbarin schien meine Frage etwas verlegen zu machen, dennoch beugte sie sich zu mir und flüsterte mir zu: »In dem Heim, wo ich lebe, hat man mir gesagt, dass ich keinen Ton halten kann, und darum singe ich seit Jahren nicht mehr laut, sondern nur mit meinen Lippen.« Darauf zuckte sie die Achseln und lächelte mir freundlich, aber auch etwas traurig zu.

Unsere Freizeit hat etwa fünf Tage gedauert. In diesen Tagen hat die alte Dame ihre Stimme neu geprobt. Es war anfangs vielleicht etwas unbehaglich, weil sie das laute Singen fast verlernt hatte. Aber es dauerte nicht einmal so lange, da standen wir nebeneinander und sangen beide aus voller Kehle. Wir haben uns dabei ein paarmal angeschaut und uns zugezwinkert. Es war eine wunderschöne Erfahrung. Meine Sitznachbarin hat auch anderen voller Freude erzählt, dass sie so lange ohne Ton gesungen hatte, jetzt aber voller Freude wieder lauthals mitsang.

Ich hoffe, dass sie das laute Singen lange beibehalten hat. Ich hoffe auch, dass sie sich die Freude des hörbaren Singens nicht wieder hat nehmen lassen, weil die eine oder andere meinte, dass sie keinen Ton halten konnte. Unserem Herrn sind die Herzenstöne wichtiger als unsere Musikalität.

Die liebe Sängerin ist nicht mehr unter uns, sie ist vor einigen Jahren heimgegangen. Im Himmel ist man frei von allem Ballast des irdischen Lebens und es wird sicherlich viel gesungen. Ich freue mich, dass sie das erleben darf.

»Herr, tue meine Lippen auf,
damit mein Mund dein Lob verkünde!«
Psalm 51,17

18. Die Badezeremonie

Ich war etwa elf, als wir ein neues Familienmitglied bekamen: Hansel, einen rauhaarigen Schnauzer mit einem beeindruckenden Schnurrbart. Hansel hatte den größten Teil seiner ersten Lebensjahre damit verbracht, angekettet vor einem Heizkörper zu liegen. Die Information, die wie erhielten, als wir ihn bekamen, war, dass er falsch war. Wir wollten das nicht einfach so annehmen, außerdem empfanden wir das als eine Herausforderung. Dass er jahrelang im Haus angekettet gewesen war, fanden wir unfair und gemein. Wir gönnten ihm ein besseres Leben.

Glücklicherweise hatten wir gar keine Probleme mit Hansel. Es gab nur zwei Situationen, in denen er die Zähne fletschte: beim Anblick des uniformierten Postboten und während der Badezeremonie. Das Letztere war ein regelmäßig wiederholtes notwendiges Übel, weil Hansel nichts lieber tat, als sich während unserer

Strandspaziergänge in Pferdeäpfeln oder verfaultem Fisch zu wälzen. Pferdeäpfel waren nicht allzu problematisch, denn sie ließen sich, wenn sie einmal getrocknet waren, leicht abbürsten. Verfaulter Fisch aber klebte an Haut und Haaren und verwandelte den Hund in eine abstoßende Kreatur. Auf dem Weg vom Strand nach Hause konnten wir den Übelkeit erweckenden Gestank im Auto kaum ertragen. Im Sommer zog das den Gartenschlauch nach sich, im Winter die Badezeremonie.

Zwei Badefrauen (meist meine Mutter und ich) hüllten sich in riesige Schürzen in dem vergeblichen Versuch, selbst trocken zu bleiben. Das Badezimmer wurde weitgehend leer geräumt und mit alten Tüchern und Lappen ausgelegt. Als Tüpfelchen auf dem i wurde dem Wasser Badeschaum zugesetzt, der intensiv aufgeschlagen wurde. Inzwischen wurden auch unten im Wohnzimmer die nötigen Vorbereitungen getroffen. Der Kamin wurde angezündet und die Festkommission machte sich bereit zum Gala-Empfang.

Hansel selbst sorgte dafür, dass er rechtzeitig untergetaucht war. Er wurde jedoch immer aufgespürt und ohne Pardon die Treppe hochgetrieben. Einmal im Badezimmer angekommen (und eingesperrt), wurde ihm von meiner Mutter ein großes Badetuch unter den Bauch geschoben und über seinem Rücken verknotet. Dieser

Knoten diente uns während des Bades als Griff, da es ein risikovolles Unternehmen war, Hansel ins Wasser zu hieven. Sein Kopf drehte sich wild hin und her, während sein Kiefer mit den gelb gewordenen Zähnen gefährlich auf- und zuklappte. Wenn er dann endlich in der Badewanne war, begann der »Kampf zu Wasser«. Wir Badefrauen waren innerhalb weniger Sekunden triefnass und schrubbten Hansel, als hinge unser Leben davon ab.

Unvermeidlich folgte nach der Raserei der Augenblick der Kapitulation. Mit flach an den Kopf gelegten Ohren ließ Hansel die Zeremonie resigniert über sich ergehen. Während das Schmutzwasser Richtung Ausguss floss, wurde der Hund mit lauwarmem Wasser abgespült und danach aus der Wanne gehoben und trocken gerieben. Daraufhin wurde die Tür zur Freiheit aufgeschlossen, was für die Wachhabenden im Erdgeschoss das Signal war, in Aktion zu treten.

Während Hansel die Treppe hinuntersauste, straffte das Festkomitee den Rücken, um ihn bei seinem Erscheinen mit einer angemessenen Begrüßung zu ehren. In dem Moment, wenn er ins Zimmer sauste, brandete enthusiastischer Beifall auf und die Anwesenden riefen im Chor: »Hansel, was bist du schööööön!« Ausgelassen drehte er dann in rasendem Tempo ein paar Runden durchs Wohnzimmer, bis die erschöpften Waschfrauen, das Haar in nassen Strähnen um den Kopf, durch die Tür traten. Das war der Höhepunkt: Zutiefst durchdrungen von seinem neuen Status, ließ Hansel sich vor den offenen Kamin plumpsen und zeigte die Zähne. Diesmal mit dem glückseligen Lächeln eines sauber gewaschenen Tieres. Er hatte ein wichtiges Prinzip begriffen: Es mag ein herrliches Gefühl sein, sich im Dreck zu wälzen, aber dieser Genuss wird bei Weitem übertroffen durch das wunderbare Gefühl, wieder sauber zu sein.

»Entsündige mich mit Ysop, dass ich rein werde,
wasche mich, dass ich weißer werde als Schnee.«
Psalm 51,9 (M)

19. Eine Antenne für Gott

Ein ruhiger Nachmittag in Italien. Ich bin mit einer Freundin im Auto unterwegs. Es ist ein herrlicher Sommertag, wir haben die Fenster weit geöffnet und genießen die Landschaft. Sanfte Hügel, hier und da ein Weingut, Olivenhaine, ein dösender Hund auf den warmen Steinen einer ausgestorbenen Dorfstraße.

Wir fahren einen Hügel hinunter und reden über alles Mögliche, als ich plötzlich von meiner Freundin zum Anhalten aufgefordert werde. Erstaunt tue ich, was sie sagt: Ich bremse und bleibe auf der Landstraße stehen. Als ich mich zu ihr umdrehe, um zu fragen, was los ist, legt sie die Finger an die Lippen: »Pst!« Dann streckt sie einen Zeigefinger in die Luft, um anzudeuten, dass ich horchen soll. Das tue ich, aber ich höre nichts anderes als das Summen von Insekten.

»Ich habe eine Nachtigall gehört«, sagt meine Freundin.

»Gerade eben, bevor ich dich gebeten habe anzuhalten. Lass uns kurz warten, dann hören wir sie bestimmt wieder.« Ich gucke sie sprachlos an. Ich habe, ehrlich gesagt, außer dem Brummen des Motors und unseren eigenen Stimmen kein anderes Geräusch wahrgenommen. Wie ist es möglich, dass sie bei diesen Hintergrundgeräuschen noch einen Vogel gehört hat und diesen Vogel anhand seines Gesanges auch noch identifizieren konnte? Und worauf wartet sie jetzt eigentlich? Oder anders gesagt: Woher will sie wissen, ob er sich wirklich noch einmal melden wird? In diesem Moment fliegt ein seltsamer Vogel vorbei. Meine Freundin reißt die Augen auf: »Ein Wiedehopf«, sagt sie und vergisst vor lauter Begeisterung beinah, Luft zu holen. »Den habe ich noch nie in natura gesehen!«

Ich bin kein Stadtmensch, ich bilde mir ein, dass ich mich ziemlich gut in der Natur auskenne. Aber meine Freundin ist mir um Längen voraus, wenn es um die Vogelwelt geht. Sie erkennt Vögel nicht nur an ihrem Aussehen, sondern auch an ihrem Gesang. Auch weiß sie mit absoluter Sicherheit, was der betreffende Gesang zu bedeuten hat – sie erkennt die Stimme eines Männchens, das sein Territorium verteidigt oder ein Weibchen zu erobern versucht, das Rufen eines Weibchens, das seine Brut vor einer drohenden Gefahr warnt, oder das Trällern eines Vogels, der aus purer Lebensfreude ein Liedchen schmettert.

Diese geniale Kenntnis der Vogelwelt ist meiner Freundin nicht in die Wiege gelegt worden oder irgendwann auf mysteriöse Weise in den Schoß gefallen, sie hat sich diese Kenntnis erworben. Sie hat stundenlang Vogelbücher studiert, unzählbare Fotos und Zeichnungen von Vögeln angeschaut, und sie ist regelmäßig mit Vogelführer, Fernglas und Notizbuch unterwegs gewesen. Sie hat viel Zeit in der freien Natur oder auf einem Ausguck verbracht und sie hat viel gewartet. Sie hat unendlich viel Geduld aufgebracht, um jenen einen bestimmten Vogel zu sehen zu bekommen, auch wenn es vielleicht nur für eine oder zwei Sekunden war. Sie ist in aller Frühe aufgestanden in der Hoffnung, eine junge Eule ausfliegen zu sehen, sie hat Wind und Wetter getrotzt, um Zugvögel zu beobachten. Sie hat CDs mit Vogelstimmen gekauft und wieder und wieder angehört. Sie hat mit anderen Vogelexperten Erfahrungen ausgetauscht.

Kurzum, meine Freundin hat viel investiert, um die Vogelwelt kennenzulernen. Und sie hat sich angewöhnt und darin geübt, aufmerksam auf die Stimmen und das Verhalten von Vögeln zu achten. So hat sie im Laufe der Zeit eine besondere Antenne für Vögel entwickelt. Sodass sie, wenn sie in einem fahrenden Auto sitzt und erzählt, eine Nachtigall singen hört – und einen für uns Niederländer ziemlich ungewöhnlichen Vogel wie einen Wiedehopf sofort und ohne jeden Zweifel erkennt.

Dieses Erlebnis in Italien hat bei mir einiges bewirkt. Wenn ein Mensch eine Antenne für Vögel entwickeln kann, sollte er dann nicht auch eine Antenne für Gott entwickeln können? Anders gesagt: Könnte es möglich sein, eine gewisse Sensibilität für Gottes Wirken und Reden zu entwickeln? Sollten wir Menschen es lernen können, in unserem normalen Alltag inmitten aller Geräusche, die uns umgeben, seine Stimme zu erkennen? Sollten wir uns darin üben können zu verstehen, was er meint oder sagt? Ein faszinierender Gedanke!

Es gibt zahllose Bücher, von denen wir viel über die Vogelwelt lernen können, und ein großes und ausführliches (Hand-)Buch, die Bibel, das uns über Gottes Charakter, seine Handlungsweise, seine Absichten und sein Reden aufklärt. Darüber hinaus haben wir in Jesus Christus das Ebenbild Gottes, des Vaters. Unser »Fernglas« ist der Heilige Geist, der unseren Blick und unsere Perspektive verändert und uns Gottes Realität näherbringt. Bleibt noch das Üben, Warten und das Erwarten. Das frühe Aufstehen, um vor dem tagtäglichen Lärm neue Laute zu entdecken und neue Eindrücke zu sammeln.

Und das Stillstehen und Ausschauen und Ohrenspitzen, wenn wir etwas von seiner Anwesenheit spüren.

»Ich aber will nach dem Herrn ausschauen ...«
Micha 7,7

20. Jäger am Parkplatz

Während einer Vortragsreise in Deutschland hatte man für meine Mitarbeiterin Aly und mich Zimmer in einer rustikalen Pension in einer kleinen Ortschaft reserviert. Wir hatten es gut, und nach der ersten ruhigen Nacht und einem herrlichen Frühstück machten wir uns auf den Weg zu der Veranstaltung, wo ich sprechen sollte. Wir erlebten einen intensiven Tag mit einem vollen Programm und vielen Begegnungen. Als wir uns verabschiedeten und uns auf den Weg zu unserer Pension machten, waren wir beide recht müde. Wir freuten uns aufs Abendessen und hatten vor, früh schlafen zu gehen, da am nächsten Morgen die Rückfahrt in die Niederlande vorgesehen war. Es kam aber ganz anders.

Als wir beim kleinen Parkplatz der Pension ankamen, fuhren wir in eine wilde Aufregung hinein. Der Platz war voller Männer in Jagdkleidung, die wild gestikulierend durcheinanderschrien und vergeblich versuchten, ihre aufgeregten Hunde in Schach zu halten. Ihre Hüte mit beeindruckenden dicken Quasten saßen schief auf ihren Köpfen, ihre Backen waren purpurrot. Ihre Autos hatten sie kreuz und quer abgestellt, das Chaos war total. Die Jäger waren völlig aus dem Häuschen, es war, als befänden wir uns unter Wilden, die ein Siegesfest feierten.

Gesiegt hatten die Männer tatsächlich, denn ihre Beute war beeindruckend. Auf den soliden Gestellen der mit Schlamm verschmierten Geländewagen waren die von ihnen erlegten Wildschweine mit dicken Tauen festgemacht worden. Die Tiere hatten sich offensichtlich nicht einfach so erschießen lassen, denn auch sie waren mit Dreck verschmiert und einige hatten Schürfwunden, die sie sich wahrscheinlich zugezogen hatten, als sie versucht hatten, den Jägern durchs raue Waldgelände zu entkommen. Mit ihren harten buschigen Haaren und imponierenden Hauern sahen sie sogar im Tod bedrohlich aus.

Die Jäger waren dermaßen in Hochstimmung, dass wir mit einem Blick sahen, dass jeder Versuch, unser Auto am Parkplatz unterzubringen, scheitern würde. Während wir noch überlegten, was wir machen sollten, wurden wir von der Meute gesehen. Gleich wurde spontan beschlossen, uns dabei zu helfen, einen Parkplatz zu finden. Das brachte eine neue Aufregung und es entstand ein aufgeregtes Rufen. Wir waren in wenigen Minuten eingeschlossen von den Jägern, die mit einem verwegenen Blick begeistert auf Dach und Fenster meines Autos schlugen, während sie uns lauthals widersprüchliche Anweisungen gaben. Wenn ich nach rechts steuerte, versuchten einige von ihnen, uns nach links zu drücken, und umgekehrt. Wenn ich vorwärtsfahren wollte, warfen sich einige Männer spontan auf die Motorhaube; wenn ich versuchte rückwärtszufahren, schrien Männer hinter dem Auto lauthals ihre Proteste. Im Rückblick kann ich sagen, dass es ein Wunder ist, dass es uns gelang, uns aus der aufgeregten und aufdringlichen Männermasse herauszuwinden und unser Auto zu parken. Damit war der Abend aber noch nicht vorbei.

Einmal in der Pension, haben wir uns zuerst vor Lachen gekringelt, dann haben wir uns zum Abendessen frisch gemacht. Als wir in den Speisesaal kamen, war der inzwischen von den Jägern beschlagnahmt worden. Der Raum war von Lärm und Schweißgeruch erfüllt. Es war ein *Man Cave* pur! Die Stimmung der Jäger war nach wie vor ausgelassen, es wurde nicht geredet, sondern gebrüllt. Als man uns wiedersah, steigerte sich die Stimmung womöglich noch mehr. Während wir in einem kleinen Eckchen unsere Schnitzel aßen, wurden immer wieder Bierkrüge erhoben und es wurde lauthals auf unsere Gesundheit angestoßen.

Nach der Tageskonferenz, wo wir uns intensiv mit der Bibel beschäftigt hatten, waren diese Stunden ein wohl sehr besonderer Abschluss des Tages. Damit ist aber noch immer nicht alles gesagt. Wir waren schon in unseren Zimmern, als sich die Männer wieder am Parkplatz versammelten, um einander erneut ihre Beute zu zeigen und mit ihren Jagderfolgen zu protzen. Sie waren inzwischen beträchtlich angeheitert und lärmten noch lauter als vorher. Auch mussten sie ihr Bier loswerden, was sie laut singend am Parkplatz taten. Und das alles bis in die frühen Morgenstunden hinein und direkt unter den Fenstern unserer Zimmer. Unsere zweite Nacht in der kleinen Pension war damit alles andere als ruhig. Es war aber eine besondere Erfahrung, das muss ich sagen.

Es wurde schon hell, als die Jäger sich auf den Weg nach Hause machten. Wir selbst frühstückten gegen acht Uhr und waren überrascht, als wir entdeckten, dass drei Vertreter der Jagdgesellschaft auch in der Pension übernachtet hatten und nun beim Frühstück anwesend waren. Es kam zu einem guten Gespräch, als wir gefragt wurden, was uns Niederländer hierhergebracht hatte.

Nach dem Frühstück machten wir noch einen kurzen Spaziergang im Dorf. Als wir auf ein nettes Geschäft mit handgeschnitzten Weihnachtsfiguren aus dem Erzgebirge stießen, kaufte meine Mitarbeiterin sich eine kleine

Weihnachtskrippe, die seitdem jedes Jahr im Dezember in ihrem Wohnzimmer zur Schau gestellt wird. Ich selbst kaufte im Haushaltsgeschäft nebenan eine Schürze mit – Sie glauben es nicht! – der Abbildung eines Hirschs (eine Schürze mit einem Wildschwein gab es leider nicht). Es ist eine bleibende Erinnerung an die ausgelassenen Jäger am Parkplatz unserer Pension.

»So nimm nun dein Jagdgerät,
deinen Köcher und deinen Bogen,
und geh aufs Feld und jage mir ein Wildbret,
und bereite mir ein schmackhaftes Essen,
wie ich es gerne habe ...«
Isaaks Worte an seinen Sohn Esau
in 1. Mose 27,3.4

21. Die Kraft eines Liedes

Als ich vor inzwischen vielen Jahren in Bulgarien zu einer Vortragsreise unterwegs war, besuchten wir einen Taufgottesdienst in einer Gemeinde von Sinti und Roma. Es war ein fröhliches Fest voller Hallelujas und Jubelrufe. Als einer der Täuflinge triefend nass im Taufbecken stand und ausrief: »Hier will ich bleiben und Gott loben«, gingen viele Hände in die Höhe und alle redeten und schrien wild durcheinander.

Von meinen Begleitern erfuhr ich später die Geschichte des Gemeindepastors. Dieser Mann, dessen goldene Zähne bei jedem Lachen blitzten, war Jahre zuvor als obdachloser Alkoholiker in der ganzen Stadt bekannt gewesen. Eines Sonntagmorgens tauchte er unerwartet während des Gottesdienstes in einer Gemeinde auf. Die Ansagen waren gerade vorbei; am Podium stand ein Teenie, der der Gemeinde mit seiner Gitarre ein Lied vorsang.

Als der Betrunkene stolpernd und fluchend in den Gemeindesaal kam, wurde er gleich von zwei Ältesten an die Seite gelotst. Er ließ sich aber nicht abfertigen, sondern bestand darauf, der Gemeinde etwas zu sagen. Aus Angst davor, dass die Dinge eskalieren würden, entschieden die Ältesten schließlich, ihn aufs Podium und reden zu lassen. Man kannte ihn ja, man würde seinen Auftritt irgendwie überleben.

Während der Junge mit seiner Gitarre mutig weitersang, ging der Mann, unterstützt von den Ältesten, nach vorne. Er kletterte tobend aufs Podium und lief auf den Jungen zu. Dann ... geschah etwas Erstaunliches. Der »Störer« neigte seinen Kopf und wartete still, bis der Junge sein Lied fertig gesungen hatte. Dann fing er an zu weinen. Ohne ein Wort zu sagen, ging er vom Podium hinunter und schwankte tränenüberströmt durch den Mittelgang des Saales zum Ausgang. Er sah nicht auf und äußerte kein einziges Wort. Er ging einfach durch die Tür hinaus und verschwand.

Einige Wochen nach diesem Vorfall kam kurz vor Beginn des Gottesdienstes in derselben Gemeinde ein Fremder ins Gotteshaus hinein. Er sah elegant aus, die Haare waren frisch gewaschen, Hose, Sakko und Hemd waren sauber, die Schuhe geputzt. Es dauerte, bis die Menschen ihn als den berüchtigten Alkoholiker wiedererkannten, der vor einigen Wochen so viel Unruhe im Gottesdienst gestiftet hatte. Es war kaum zu glauben, er war ein völlig anderer Mensch. Was war geschehen?

Nun, die Umkehr war an dem Sonntag ausgelöst worden, als der Mann betrunken auf dem Podium neben dem Jungen mit der Gitarre stand. Es war das einfache Loblied des Teenagers gewesen, das ihn so sehr ins Herz getroffen hatte, dass er am selben Tag Jesus sein Leben anvertraut hatte. Ab diesem Moment hatte er keinen Tropfen Alkohol mehr getrunken. In den folgenden Jahren fand er eine Arbeit, dann ging er zur Bibelschule und wurde Pastor.

Was ein Loblied bewirken kann!

»Gott, ein neues Lied will ich dir singen!«
Psalm 144,9

22. Eine besondere Begegnung

Eines Tages, als ich in einer hügeligen Landschaft in England unterwegs war, sah ich von Weitem einen imposanten viereckigen Kirchturm. Er war von einer kleinen, etwas tiefer gelegenen Ansammlung von Häusern umgeben.

Es war ein herrlicher Herbstnachmittag. Sonne und Wolken wechselten einander ab, die Ebereschen färbten sich tiefrot, und die Brombeersträucher am Straßenrand waren voller Beeren.

Einem Impuls folgend beschloss ich, die alte Kirche zu besichtigen. Sie war nicht schwer zu finden, das ländliche Dorf bestand aus wenigen Straßen, deren Mittelpunkt die auf einer kleinen Anhöhe gelegene Kirche war. Ich parkte mein Auto an einer langen Mauer, die von buntem Efeu überwuchert war, und folgte dem Fußweg hinauf zu der großen Kirche. Er führte am Friedhof vorbei, einem offenen Feld, auf dem vor allem alte, aber auch einige neuere

Grabsteine kreuz und quer durcheinanderstanden. Das Gras war frisch gemäht worden, aber auch hier und dort platt getreten, der Boden war uneben, voller Buckel und Mulden.

Ich verließ den Weg und ging über den Friedhof. Es ist doch seltsam, dass Grabsteine immer dazu einladen, die Namen und die Geburts- und Sterbedaten der Menschen zu betrachten, die dort ihre letzte Ruhestätte gefunden haben. Eine alte Frau, die 20 Jahre Witwe gewesen war, ein Mann, der seine Frau um zehn Jahre überlebt hatte, ein Kind, das nur vier Jahre alt geworden war. Und eine Oma, die schon vor einigen Jahren gestorben war, aber ein Grab voller frischer Blumen und lieber Briefe von den Enkelkindern hatte.

Beim Eingang der Kirche angekommen, ging ich durch die meterhohen alten Holztüren hinein. Es waren echte Prunkstücke, mit prächtigen Holzschnitzereien verziert, die, wie sich später herausstellte, im 14. Jahrhundert von kunstfertigen Händen hergestellt worden waren. Die Kirche enthielt noch mehr Schätze, zum Beispiel wunderschöne Bleiglasfenster und ein imposantes altes Taufbecken. Das Interieur selbst war jedoch nüchtern – schlichte hölzerne Bänke mit wenigen bestickten Kissen zum Knien, eine Kinderecke und ein Tisch mit ein paar Prospekten.

Während ich dies alles in mich aufnahm, fiel mir eine Stimme auf, die Worte sprach, auf die keine Antwort, kein Widerspruch erfolgte. Dennoch waren die Worte an jemanden gerichtet, es gab auch Pausen, als würde Raum gelassen für eine Antwort. Die Stimme war warm und bewegt und kam aus einem Seitenschiff der Kirche. Ich spitzte die Ohren und erkannte in dem Gesprochenen das liturgische Abendgebet der anglikanischen Kirche, das normalerweise mit der Gemeinde zusammen gebetet wird, wobei der Prediger seinen Teil spricht und die Gemeinde dann jeweils darauf antwortet. Diesmal jedoch fehlte die Antwort, der Vorbeter schien allein zu sein.

Nach einer Weile trat ein freundlich aussehender Mann aus dem Seitenschiff. Er trug Alltagskleidung, war jedoch durch den weißen Stehkragen unter seinem Pullover als Geistlicher zu erkennen. Nachdem wir einander begrüßt hatten, kamen wir ins Gespräch. Es stellte sich heraus, dass er der Hilfsprediger war, der unentgeltlich in der Gemeinde diente, die aus nicht mehr als 60 Mitgliedern bestand. Der sonntägliche Gottesdienst wurde normalerweise von etwa 15 Menschen besucht.

»Und wie ist es unter der Woche?«, fragte ich. »Beim Abendgebet?«

»Da kommt meist niemand«, lautete die Antwort.

»Aber die Leute finden es schön zu wissen, dass hier vor dem Dunkelwerden gebetet wird, für die Gemeinde, für einzelne Menschen, für das Dorf. Das gibt ihnen ein Gefühl von Sicherheit und Geborgenheit.«

Ich schwieg einen Moment und ließ die Bedeutung seiner Worte zu mir durchdringen. Dieser Prediger stand hier Abend für Abend allein in der Kirche und tat Fürbitte für die Gemeindemitglieder und die Dorfbewohner. Von denen sich niemand blicken ließ, und sei es nur, um ein bisschen Anteilnahme zu zeigen.

Ich sah den Prediger an. »Wie sieht Ihre Arbeit denn während der Woche aus?«, fragte ich.

»Da besuche ich Leute«, lautete die Antwort. »Heute war ich gerade bei einer alleinerziehenden Mutter, die ihr Kind taufen lassen will. Sie ist keine Kirchgängerin, aber das Thema Taufe bietet einen Einstieg. Es gibt immer wieder Menschen, die nichts mit der Kirche am Hut haben, sich aber doch an uns wenden, wenn es um eine Hochzeit oder eine Taufe geht. Ich komme gern mit ihnen ins Gespräch und versuche zu vermitteln, dass sie herzlich willkommen sind – in der Hoffnung, dass sie sich auf diesem Weg ein bisschen für den Glauben und die Gemeinde öffnen.«

»Wächst Ihre Gemeinde denn?«, fragte ich. »Bieten Sie einen Alpha-Kurs an oder gibt es Hauskreise?« Der

Prediger drehte sich um und zeigte auf den Tisch mit den Prospekten. »Hier liegt das Anmeldeformular für einen Bibelgesprächskreis, der diesen Herbst beginnt«, sagte er. »Sehen Sie, es stehen zwei Namen darauf.«

Wieder schwieg ich einen Moment. Was für ein treuer und mutiger Mensch, dachte ich. Jeden Tag in einer leeren Kirche im Gebet für seine Gemeinde, sein Dorf. Während der Woche unermüdlich unterwegs, um alle diejenigen zu besuchen, die das wünschten. Ohne daran die Erwartung zu knüpfen, dass die Besuchten dann auch in die Kirche kommen. Dankbar für zwei Namen auf dem großen Anmeldeblatt für eine Gesprächsgruppe.

Ich wandte meinen Blick von der Namensliste und sah ihn wieder an. »Gott segne Sie«, sagt ich. »Ich habe Respekt vor Ihrem Durchhaltevermögen und Ihrer Treue zu diesen Menschen. Das ist sicher nicht immer einfach für Sie, aber es ist so wichtig.« Beinah gleichzeitig reichten wir einander die Hand.

»Es war schön, mit Ihnen zu reden«, sagte der Prediger. »Ich vermute, dass Sie selbst auch dem Herrn dienen?«

Ich nickte bestätigend. »Ich habe das Ihnen angemerkt«, sagte er. »So etwas spürt man einfach. Gott segne Sie.«

Ich ließ seine Hand los. »Und Sie«, sagte ich. Und

blickte ihm nach, als er durch die großen Türen nach draußen ging. An diesem herbstlichen Nachmittag in England. Einer von Gottes Menschen, einer von seinen Botschaftern. In einem kleinen Dorf irgendwo auf dieser großen Erde. Ausgesandt wie die Jünger im ersten Jahrhundert nach Christus. Bis ans Ende der Erde sollten sie gehen, sie und die Menschen nach ihnen. Als Botschafter der guten Nachricht, des Evangeliums von Jesus Christus. Bis zum heutigen Tag. Was für ein Segen, einem von ihnen zu begegnen. Welch ein Geschenk, einander als solche Mitarbeiter des Reiches Gottes zu erkennen. Und einander Gottes Segen wünschen zu dürfen.

»Lasst uns aber Gutes tun und
nicht müde werden.«
Galater 6,9 (L)

23. Das Leben feiern

Meine Gartenamsel ist ein merkwürdiges Wesen. Das Männchen ist schwarz, wie es sich gehört, aber eine seiner Schwanzfedern ist schneeweiß. Sie steht schräg nach oben und macht das Steuern beim Fliegen etwas kompliziert. Die Landung ist auch ein Abenteuer, denn meine Amsel hat ein kaputtes Knie und muss darum auf einem Beinchen landen. Erstaunlicherweise geht das immer gut.

Ich habe meine Amsel Mees genannt, was in den Niederlanden sowohl ein Jungenname ist als auch eine Vogelart (die Meise). Er sitzt in aller Frühe in meinem Apfelbaum und singt sein Lied. Sobald er mich in der Küche bemerkt, kommt er zur Tür und wartet auf mich. Seine Treue ist rührend, aber sicherlich nicht ganz selbstlos. Er rechnet mit einer guten Versorgung, denn er weiß, dass es bei diesem Haus immer etwas zu schnabulieren gibt. Im Winter wird angemessenes Winterfutter ausgestreut, im Sommer gibt es Beeren oder Äpfel. Wenn ich im Garten arbeite, gibt es frische Würmer, direkt abzuholen, wie der Hamburger bei McDonald's. Mees muss dann alle Schüchternheit überwinden, denn beim Graben folgt mir meistens ein Rotkehlchen auf den Fuß, das süß ausschaut, aber sehr schnippisch sein kann. Das ist nicht außergewöhnlich, denn von Rotkehlchen ist bekannt, dass sie ihr Territorium mit sehr aggressiver Hingabe überwachen und gerne alleine herumstöbern.

Manchmal beobachte ich den Amselmann, wenn er im Garten herumhüpft und wild in den Beeten herumwirtschaftet. Ganz besonders ist sein Baderitual in meinem in England erworbenen Vogelbad: ein paarmal ein- und aussteigen, um die Wassertemperatur zu testen. Wenn es gefällt, den Kopf mehrmals untertauchen, ausgiebig Wasser spritzen, ausschütteln und die Federn ordnen. Ein bisschen nachdenken und dann das Ganze wiederholen. Weil es Spaß macht. Zum Schluss am Rand des Vogelbades dehnen und strecken. Und dann ... ein Lied. Unbekümmert und laut. Den Schnabel weit aufgesperrt, das schmerzende Beinchen etwas hochgezogen, die weiße Schwanzfeder entschlossen schräg hochstehend.

Es ist ein absoluter Höhepunkt: Die Amsel feiert das Leben. Was morgen kommt, beschäftigt sie nicht: Jetzt gibt es Grund zum Jubeln.

»Die Vögel des Himmels lassen aus den Zweigen ihre Stimmen erschallen.«
Psalm 104,12

24. Bibeln auf dem Flohmarkt

Nach einer Bibelfreizeit in Deutschland sind meine Mitarbeiterin und ich auf der Rückreise in die Niederlande. Weil wir es nicht eilig haben, haben wir entschieden, die erste Strecke unserer Reise über Landstraßen zu fahren. Wir genießen die schöne Umgebung und plaudern ein bisschen über die Freizeit, die hinter uns liegt, als wir kurz vor einer kleinen Stadt auf ein großes Schild mit dem Wort »Flohmarkt« treffen. Fast gleich darauf sehen wir rechts von uns, wie sich Hunderte Menschen auf einem großen Gelände vor Ständen voller Waren drängen.

Ich muss gestehen, dass ich eine Schwäche für Flohmärkte habe. Ich finde es total entspannend, dort »herumzustöbern«, die Waren zu inspizieren und die Menschen zu beobachten, die hoffen, an diesem Tag ihren Schnitt zu machen und etwas ganz Besonderes zu erwischen. Manchmal gelingt es tatsächlich, dass jemand auf einem Trödelmarkt (oder sogar beim Müll!) einen Gegenstand findet, der sich als äußerst wertvoll erweist. Das sind faszinierende Geschichten.

Wenn ich im Urlaub bin, verbringe ich oft Stunden in Antiquitätengeschäften oder in alten Scheunen, wo alles Mögliche zum Verkauf angeboten wird. Ich muss nicht unbedingt etwas kaufen, ich möchte aber alles sehen (und wenn möglich auch berühren). Oft bleibe ich eine Weile bei einem bestimmten Gegenstand stehen und philosophiere darüber, wo er herkommt und wie er wohl hier gelandet ist. Ich frage mich zum Beispiel, wie das sein kann, dass ein feines Besteck, das mit einem Monogramm versehen ist, nun in aller Anonymität in einem Kasten voller wertlosem Besteck liegt und für einen Pappenstiel zu kaufen ist. Oder wieso das Gemälde eines Mädchens mit langen Zöpfen und einem Kleidchen mit feinem Smokwerk nun irgendwo in einer Ecke in einem schmuddeligen Geschäft steht. Das Mädchen war nicht irgendwer, es war das geliebte Kind seiner Eltern, man hat extra ein Porträt von ihm malen lassen. Später war sie vielleicht die geliebte Ehefrau eines Mannes, die geliebte Mutter ihrer Kinder. Und doch hat jemand ihr Porträt irgendwann »aussortiert«.

Nun bin ich unterwegs in Deutschland, und ich biege, ohne auch nur eine Sekunde zu zweifeln, vom Weg ab, weil sich ganz unerwartet ein Trödelmarkt anbietet. Wir finden einen Parkplatz und begeben uns erwartungsvoll in das Gedrängel der Schnäppchenjäger.

Der erste Stand bietet nicht direkt das, was wir erhofften. Der Tisch ist voller altem Werkzeug, das kreuz und quer durcheinanderliegt: Schrauben und Nägel, eine verrostete Säge, Kabel, Schnüre, Steckdosen und vieles mehr. Ich will schon weitergehen, als mir ein Gegenstand ins Auge springt, der hier wirklich fehl am Platz ist. Inmitten all dieses Krams liegt eine nagelneue Bibel! Als ich sie überrascht in die Hand nehme, ist der Verkäufer gleich zur Stelle. »Für fünf Euro gehört das Buch Ihnen«, sagt er und streckt mir seine geöffnete Hand schon entgegen, damit ich gleich zahlen kann. Etwas verdutzt mache ich das. Ich ziehe meine Geldbörse aus meiner Tasche, nehme fünf Euro und gebe sie dem Verkäufer. Die Bibel stecke ich in meinen Rucksack. »Das geht doch wirklich nicht«, sage ich meiner Mitarbeiterin empört. »Eine Bibel zwischen verrostetem Werkzeug auf dem Trödelmarkt!«

Wir gehen weiter, aber dieser Markt ist nicht das, was wir erwarteten. Es gibt unendlich viel altes Spielzeug, das nicht nur schmutzig, sondern auch kaputt ist, auch wird schmuddelige Kleidung angeboten, alte Stiefel und dreckige Schuhe und … nein, das kann doch nicht wahr sein! Da liegt wieder eine neue Bibel! Dieses Mal ist meine Mitarbeiterin etwas schneller als ich: »Was kostet die Bibel?«, fragt sie. Und gleich darauf: »Ich kaufe sie für fünf Euro!« Bald darauf findet auch diese Bibel einen Platz in meinem Rucksack.

Inzwischen fragen wir uns, wie das sein kann, dass wir auf diesem Trödelmarkt zwei Mal eine neue Bibel finden, die zum Verkauf angeboten wird. Wir haben noch keine Antwort gefunden, als eine dritte Bibel auftaucht, dieses Mal in einem Korb voller verbeulter Spielzeugautos. Auch diese Bibel kaufen wir, weil wir das nicht hinnehmen können, dass Gottes Wort als billige Ramschware auf einem Flohmarkt angeboten wird.

Wir wollen schon umkehren und zum Parkplatz gehen, als wir inmitten aller Stände einen kleinen Wohnwagen entdecken. Ein Banner macht darauf aufmerksam, dass man hier eingeladen ist auf eine Tasse Kaffee und ein Gespräch. Auf einem kleinen Tisch liegen Broschüren, und es sind junge Leute da, die Menschen ansprechen. Nun geht uns ein Licht auf. Hier wird das Evangelium verkündigt! Wäre es vielleicht möglich, dass die Bibeln, die wir auf dem Markt vorgefunden haben, etwas damit zu tun haben?

Ich gehe auf einen der jungen Leute zu und frage ihn, ob sie gute Erfahrungen machen bei ihrem Einsatz. Er reagiert überrascht und froh. »Wir haben bisher viele gute Gespräche gehabt«, sagt er. »Menschen sind wirklich offen fürs Evangelium. Wir haben sogar einige Bibel verschenken können, weil Menschen daran Interesse hatten!«

»Bibeln?«, frage ich. »Verschenkt ihr Bibeln?«

»Ja«, sagt er. »Wir gehören zu einer christlichen Gemeinde hier am Ort und dieser Einsatz hier ist ihre Initiative. Es wurde Geld gesammelt, damit wir Bibeln verschenken können, wenn Menschen sich eine wünschen.«

Ich lege meinen Rucksack ab und nehme eine der von mir gekauften Bibeln heraus. »Könnte diese Bibel von euch gewesen sein?«, frage ich.

Er nickt überrascht. »Waren Sie vielleicht auch hier bei uns?«, sagt er dann.

»Nein, das nicht«, antworte ich. »Ich habe hier auf dem Markt etwas ›rumgestöbert‹ und die Waren angeschaut, die hier verkauft werden.« Ich schweige einen kurzen Moment, dann sage ich: »Ich habe den Eindruck, dass einige eurer Bibel einen reißenden Absatz gefunden haben, weil man darin Handelsware gesehen hat.« Und dann: »Ich habe nämlich bei drei verschiedenen Ständen eine Bibel von euch vorgefunden, die zum Verkauf angeboten wurde, und ich habe sie gekauft.«

Der junge Mann schaut mich verblüfft an, seine Munterkeit ist sichtbar angeknackst. »Das kann doch nicht wahr sein, dass die Bibeln, die wir verschenkt haben, zum Verkauf angeboten werden!«, sagt er entsetzt. »Wir hatten so gute Gespräche, und wir sind davon ausgegangen, dass die Menschen aufrichtig interessiert waren ...! Wir haben das offensichtlich völlig falsch eingeschätzt ...«

Ich gebe ihm die drei Bibeln, dann frage ich ihn, mit wie vielen jungen Leuten aus seiner Gemeinde er hier im Einsatz ist. Sie sind an diesem Vormittag zu viert. »Ich hole euch zuerst mal ein Eis zur Ermutigung«, sage ich ihm. »Und dann überlegt ihr, wie ihr weitermachen wollt. Ich habe Respekt vor euch, dass ihr bereit seid, vor so vielen Menschen offen über Jesus und das Evangelium zu sprechen. Gebt vor allem nicht auf, denn die Botschaft, die ihr verkündigt, ist die beste Nachricht aller Zeiten und sie muss gehört werden!« Nach diesen Worten machen meine Mitarbeiterin und ich uns auf die Suche nach Eis.

Als wir zum Wohnwagen zurückkehren, sind die vier jungen »Evangelisten« intensiv und ernsthaft miteinander im Gespräch. Die großen Eisbecher tun ihnen sichtlich gut. Wir plaudern noch ein bisschen miteinander, dann wünschen wir ihnen Gottes Weisheit und Segen und gehen unseres Weges.

Erst unterwegs bedenke ich, dass die Bibeln auf dem schmuddeligen Trödelmarkt zwischen allem Ramsch vielleicht nicht einmal fehl am Platz waren. Jesus war ja jeder Vornehmheit abgeneigt, er hat immer wieder ganz bewusst die Menschen gesucht, die andere abgeschrieben hatten. Dass sein Wort zwischen allem anderen aussortierten Kram auf dem Trödelmarkt lag, war im Grunde symbolisch gesehen stark. Ich hoffe sehr, dass die jungen Evangelisten heute noch Bibeln verschenken werden.

»Verkündige das Wort, tritt dafür ein,
es sei gelegen oder ungelegen.«
2. Timotheus 4,2

25. Meine Nachbarin

Als ich nach einem Reisedienst von knapp zwei Wochen wieder zu Hause bin, fällt mir nach einigen Tagen auf, dass das Haus meiner Nachbarin einen verlassenen Eindruck macht. Zwar sind die Vorhänge morgens geöffnet und abends wieder zu, im Haus aber bewegt sich nichts. Normalerweise sehe ich meine Nachbarin oft in ihrer Küche, die sich an der Vorderseite ihres Hauses befindet. Wenn ich mit dem Auto wegfahre oder nach Hause komme oder wenn ich in meinem Vorgarten beschäftigt bin, sehe ich sie oft vor dem Fenster stehen, von wo sie einen weiten Überblick über die Straße und die Nachbarhäuser hat. Ich vermute, dass sie manchmal einfach dort steht, um zu schauen, ob sich etwas tut. Sie selbst kommt kaum noch aus dem Haus.

Nun bin ich eben weg gewesen und im Nachbarhaus bewegt sich nichts außer den Vorhängen. Bald entdecke ich, dass diese von zwei Nachbarinnen, die eine vom

Haus direkt nebenan, die andere vom Haus gegenüber, täglich vormittags und abends geöffnet und geschlossen werden. Offensichtich ist meine Nachbarin, die ich hier Nina nennen werde, krank oder abwesend. Oder beides.

Ich muss zu meinem Bedauern sagen, dass es mir nie gelungen ist, einen freundschaftlichen Kontakt mit Nina aufzubauen. Nina, die inzwischen über 80 ist, lebt sehr zurückgezogen. Sie lebt allein und empfängt nur sehr selten Besuch. Jeder Versuch meinerseits, ein Gespräch mit ihr zu beginnen oder ihr bei irgendetwas behilflich zu sein, ist auf Abweisung gestoßen. Und das schon 15 Jahre lang. Als ich hier neu war, hat es sporadisch Kontakt gegeben, aber fast immer war das negativ. Nina mochte meinen Garten nicht (er sei mit den Buchsbaumhecken zu »englisch«), ich hatte viel Besuch (ob das so bleiben würde?), mein Dachfenster bot einen direkten Blick in ihr Wohnzimmer (ich würde sie von dort ausspionieren), meine Freunde durften ihr Auto nicht am (öffentlichen) Parkplatz vor ihrem Haus parken, weil »das Blech« sie störte. Freunde, die mir im Garten halfen, waren Schwarzarbeiter. Diese Dinge wurden mir nicht gesagt, sondern aufgeschrieben und nachts in einem Briefumschlag in meinem Briefkasten deponiert. Als ich einmal bei Nina klingelte, um über diese Dinge zu sprechen, sagte sie mir, sie verbiete mir, die Einfahrt zu ihrem Haus zu betreten.

Sie werden es vielleicht verstehen, wenn ich Ihnen sage, dass Nina mir im Laufe der Zeit ein Pfahl im Fleisch wurde. Ich hatte mehrmals »Böse-Nachbar«-Geschichten gehört, nun erlebte ich selbst eine solche Geschichte. Es gab Zeiten, in denen ich meine Nachbarin weit weg wünschte, sie tat mir aber auch leid, weil sie immer weniger aus dem Haus kam und nur selten Besuch hatte. Ich versuchte ihr mit Freundlichkeit zu begegnen und hoffte, dass es ihr guttun würde. Wenn ich mit dem Auto wegfuhr, winkte ich ihr zu, und wenn wir beide draußen waren, versuchte ich kurz mit ihr zu plaudern. Ich ließ ihr Äpfel und Zwetschen von meinen Obstbäumen bringen, und als sie kein Auto mehr hatte, bot ich an, für sie einzukaufen. Und immer, immer, bekam ich ein »Nein« zur Antwort.

Und nun ... ist Nina weg, und das schon seit einigen Tagen – oder vielleicht schon länger? Es ist schwer einzuschätzen, ich war ja selbst fast zwei Wochen abwesend. Als ich bei einer Nachbarin nachfrage, ob sie weiß, wie es Nina geht, sagt sie mir, dass sie im Krankenhaus war und dass es ihr nicht gut geht. In den Tagen danach »bewegen« sich die Vorhänge nach wie vor zweimal am Tag. Als ein Verwandter von Nina vorbeikommt, um nach ihrem Haus zu schauen, erfahre ich von ihm, dass sie unheilbar krank ist. Sie ist vom Krankenhaus direkt in ein Hospiz aufgenommen worden.

Ich fühle mich nach dieser Nachricht zerschlagen. Es bedrückt mich, dass Nina so schwer krank ist und ihre vertraute Umgebung verlassen musste.

Während ich an meinem Schreibtisch sitze und das unbewohnte Haus nebenan sehe, tut es mir aufrichtig leid, dass ich sie nie kennengelernt habe. Wir sind uns immer fremd geblieben. Ich habe es zu respektieren, dass Nina keinen Kontakt wünschte, dennoch nagt das Ganze an mir. Ich bin nun einmal ein Menschenmensch und kann mir nicht gut vorstellen, dass jemand es sich wünschen würde, abgesondert zu leben.

In diesen Tagen denke ich oft an Nina und bete für sie. Ich schreibe ihr einen Brief, in dem ich ihr sage, dass ich sehr betroffen bin über die Nachricht ihrer Erkrankung und dafür bete, dass sie den Frieden erfahren wird, den nur Gott schenken kann. Ich wünsche ihr, dass sie die Gewissheit hat (oder bekommen wird), dass der Herr, der sie geschaffen hat, sie sieht und tragen wird. Als ich den Brief mit einem kleinen Blumenstrauß beim Hospiz abgebe, kann ich nur hoffen, dass mein Gruß gut ankommt. Das ist Gott sei Dank der Fall, denn noch am selben Tag erfahre ich über Ninas Verwandten, dass meine Nachricht ihr gutgetan hat. Möge der Herr des Himmels und der Erde sie trösten und begleiten in den letzten Monaten ihres Lebens.

»*Meine Hilfe kommt von dem Herrn,*
der Himmel und Erde gemacht hat!
Er wird deinen Fuß nicht wanken lassen,
und der dich behütet, schläft nicht …
der Herr behüte deinen Ausgang und
Eingang von nun an bis in Ewigkeit.«
Psalm 121,2.3.8

26. An der Küste Donegals

Die Küste Donegals im Nordwesten der Republik Irland hat eine atemberaubend schöne Landschaft mit Felsen, hohen Klippen und einsamen Stränden. Ich finde sie am schönsten, wenn die Ginstersträucher in Blüte stehen. Selten habe ich diese Pflanzen so üppig blühen sehen wie auf den Hügeln in der Grafschaft Donegal.

Wer die Abgelegenheit oder Einsamkeit sucht, wer gegen Wind und Regen ankämpfen und kreischende Möwen hören will, wer danach seine durchnässte Kleidung bei einem glühenden Torffeuer in einem reetgedeckten Pub trocknen lassen und sich selbst aufwärmen will, der ist in Donegal am richtigen Platz. Es ist wild, es ist wüst, es ist wunderschön und bei bestimmtem Wetter vielleicht sogar ein wenig unheimlich.

In Donegal habe ich es zum ersten Mal gehört. Zuerst konnte ich das Geräusch nicht einordnen, denn es war mir unbekannt. Es war am Ende des Sommers, am späten Nachmittag, wenn sich der Tag neigt und es Abend wird. Die Sonne war fast untergegangen, es wurde langsam richtig frisch: Es war Zeit, ins Haus zu gehen. Was mich zurückhielt, war dieser unbekannte Klang, melodiös, etwas traurig, ja fast mysteriös. Er war wie ein Ruf, er weckte eine unbestimmte Sehnsucht in mir.

Ich nahm mein Fernglas und blickte die Küste entlang. Dann entdeckte ich sie: eine Gruppe grauer Robben, die sich auf einigen flachen Felsen am Meer ausgebreitet hatten. Während das Meereswasser an die Steine leckte, lagen sie entspannt zusammen und meinten, unbeobachtet zu sein. Und so sangen sie unter freiem Himmel unbefangen ihr Lied. Ihr Gesang – wobei sie tiefe und hohe Töne abwechselten – war wunderschön und tief ergreifend, er ging durch Mark und Bein. Nie werde ich diese seltsame Erfahrung, die sich nicht in Menschenworte fassen lässt, vergessen.

Das Singen der Robben an der Westküste Irlands wurde für mich zu einem Höhepunkt in jenem Jahr. Es war solch ein Moment, wo der Mensch sich seiner Kleinheit und Nichtigkeit bewusst wird und ihm nichts übrig bleibt, als Gott für das Wunder seiner Schöpfung zu danken und zu loben.

»Herr, welche Vielfalt hast du geschaffen!
In deiner Weisheit hast du sie alle gemacht.
Die Erde ist voll von deinen Geschöpfen.
Da ist der Ozean, groß und weit,
in dem es von Leben aller Art wimmelt,
von großen und kleinen Tieren.
Ich will dem Herrn singen, solange ich lebe.
Mit meiner Seele will ich den Herrn loben!«
Psalm 104,24–25.33–35 (NLB)

27. Das Stimmenorchester

In den Jahren, in denen ich als Regisseurin und Moderatorin beim niederländischen Sender EO tätig war, bin ich faszinierenden Menschen begegnet, und ich habe ebenso faszinierende Geschichten von ihnen gehört. Eine dieser Geschichten bringt uns in die ehemalige niederländische Kolonie Niederländisch-Indien, die wir heute als die Republik Indonesien kennen.

Es war 1941–1942, als Japan Niederländisch-Indien einnahm und direkt darauf Maßnahmen traf, um jeden westlichen Einfluss aus dem öffentlichen Leben zu verbannen. Nichtasiatische Einwohner, darunter Niederländer, Engländer und Australier, wurden in Internierungslagern untergebracht. Die Frauen und Kinder wurden getrennt von den Männern, die ihr eigenes Lager hatten. Die Umstände waren erbärmlich und die Grausamkeit der japanischen Bewacher grenzenlos. Die Frauen wurden erniedrigt und misshandelt, viele wurden vergewaltigt oder sie dienten als »Trostmädchen« für die Japaner. Tausende Gefangene starben durch Hunger, Krankheit oder Erschöpfung. Viele der Männer wurden 1942–1944 als Zwangsarbeiter eingesetzt beim Bau der sogenannten Birma-Bahnlinie, einer Verbindung von 400 Kilometern zwischen Birma (Myanmar) und Siam (Thailand). Allein schon diese »Todesbahnlinie« hat 100 000 Menschen das Leben gekostet.

In einem der Frauenlager auf der Insel Sumatra geschah ein großes Wunder, das bis heute nachklingt. Eine der Gefangenen war Margaret Dryburgh, eine Lehrerin aus England. Sie arbeitete als Missionarin in Singapur, bevor sie 1942 in ein Internierungslager auf Sumatra gebracht wurde. Nur wenige Tage nach ihrer Ankunft fing sie an, Gottesdienste für ihre Mitgefangenen zu organisieren. Sie komponierte Gedichte und Lieder, darunter »The Captive's Hymn« (die Hymne eines Gefangenen), ein Lied über Versöhnlichkeit und Liebe für unsere Nächsten. Es ist fast unglaublich und total beeindruckend, dass jemand es in so bitteren Umständen schafft, andere zu ermutigen und Lieder zu schreiben und zu komponieren, die von Liebe sprechen. Margaret aber tat es.

Eine Mitgefangene von Margaret Dryburgh war Norah Chambers, die in Singapur geboren wurde und in späteren Jahren an der *Academy of Music* in London Geige, Klavier und Gesang studierte. Die zwei Frauen, die außergewöhnlich musikalisch waren, starteten im Internierungslager gemeinsam ein wohl sehr besonderes Projekt. Sie erinnerten sich an Partituren von klassischen (und anderen) Musikstücken und entschieden sich, diese aufzuschreiben. Es wurde jedes kleine Stück Papier, dessen sie habhaft werden konnten, benutzt, um darauf die Musiknoten zu notieren. Diese zwei Frauen haben insgesamt mindestens 25 Partituren auf Fetzen Papier notiert und arrangiert. Darunter bekannte klassische Musik wie auch eigene Kompositionen. Und das alles auswendig!

Bald begannen sie im Internierungslager einen Lagerchor mit etwa 30 Sängerinnen. Sie übten im Geheimen und sangen vierstimmig, aber ohne Worte: Sie summten die Noten von den Musikstücken, die Margaret und Norah aufgeschrieben hatten. Ihre Stimmen stellten die verschiedenen Instrumente dar. Am 27. Dezember 1943 haben die 30 Chorsängerinnen das Largo aus Antonín Leopold Dvořáks Symphonie »Aus der neuen Welt« aufgeführt. Es war das erste einer Serie von Konzerten, die sie für ihre Mitgefangenen (und Lagerwächter!) aufgeführt haben. Auch Musik von u. a. Beethoven, Chopin und Brahms haben sie gesummt.

Es ist kaum vorzustellen, dass 30 Frauen, die so schwach und ausgemergelt waren, dass sie kaum stehen konnten, die Kraft fanden zu singen. Das »Stimmenorchester« hat viele Frauen im Internierungslager auf Sumatra getröstet und gestärkt. Das vierstimmige und melodiöse Summen war wie eine zarte Blume, die in einem harten Felsengebiet aufwächst und die Landschaft verändert. Eine Gefangene hat es so beschrieben: »Ganz leise, wie durch einen Nebel hindurch, schwebten die ersten Klänge von Dvořáks Largo durch das Lager ... Ich bekam Gänsehaut, ich hatte noch nie etwas so Schönes gehört. Es war kein Frauenchor, der Lieder sang. Es war auch kein Orchester, obwohl ich die Geigen und auch eine Oboe hörte. Es war Musik aus dem Himmel, ein Wunder von Gott gegeben in diesem hässlichen und grässlichen Lager.«

Was für ein Wunder, dass Margaret Dryburgh ihre Mitgefangenen im Internierungslager segnen konnte mit ihren Gottesdiensten und Liedern. Was für ein Wunder, dass sie gemeinsam mit Norah Chambers die Idee und den Mut hatte, ein Stimmenorchester zu gründen. Was für ein Wunder, dass die beiden Frauen so musikalisch waren, dass sie sich an alte klassische Partituren bis ins Detail erinnerten und dass sie die Geduld und die Kraft hatten, die Noten auf Papierfetzen zu schreiben und Frauen singen zu lassen in Umständen, wo das Singen eher verstummt.

Wie lange das Stimmenorchester durchgehalten hat, weiß ich nicht. Als sich aber die Umstände im Lager gegen Ende des Krieges verschlechterten, waren viele Frauen zu entkräftet und erschöpft von allen Entbehrungen, um noch singen zu können. Die Hälfte der Sängerinnen ist in Gefangenschaft gestorben, darunter auch Margaret Dryburgh, die am 21. April 1945, knapp vor der Befreiung des Lagers, starb. Norah Chambers starb 1989.

Eine von drei niederländischen Schwestern, die im Stimmenorchester sangen, hat ein Buch über ihre Erfahrungen geschrieben. Die Schwestern, die während des Krieges von ihrer Mutter getrennt worden waren, aber später mit ihr wiedervereinigt wurden, sind nach Amerika emigriert. Eine von ihnen hat die Partituren für das Stimmenorchester 40 Jahre lang im Dachgeschoss ihres Hauses aufbewahrt und sie dann der Stanford Universität in Kalifornien geschenkt. Bis heute gibt es Stimmenorchester, die diese Musik noch verwenden.

»*Der Herr ist meine Stärke und mein Schild;*
auf ihn hat mein Herz vertraut,
und mir wurde geholfen.«
Psalm 28,7

28. Au-pair in Paris

Als meine Schwester Mariëtte das Abitur bestanden hatte, ging es für ein Jahr als Au-pair nach Frankreich. Eine Organisation, die für Familien Au-pairs suchte, hatte den Kontakt mit einem Ehepaar in Paris vermittelt. Sie suchten ein Mädchen, dass jeden Vormittag auf ihr Baby aufpassen und mehrmals in der Woche abends babysitten würde. Zum Aufpassen gehörte, dass Mariëtte jeden Tag etwa drei Stunden draußen sein musste, damit das Baby frische Luft bekam. Nachmittags war frei für Sprachunterricht an der Berlitz-Sprachschule.

Einmal in Paris, bekam Mariëtte ein winziges Zimmer im Dachgeschoss eines Appartementkomplexes, wo das Personal der Bewohner untergebracht war. Es war so knapp, dass es keinen Platz für eine richtige Tür gab, und so musste sie sich zufriedengeben mit einer Falttür, die sie nicht abschließen konnte. Im Zimmer neben ihr war ein spanischer Koch von etwa 40 Jahren untergebracht, der meistens erst nach Mitternacht auftauchte und dann öfter in einer wohl sehr fröhlichen Stimmung bei meiner Schwester anklopfte. Es war alles völlig anders, als es vorher ausgemacht worden war. Zwar hatte Mariëtte Sprachunterricht an der Sprachschule, ihr Französisch konnte sie aber nicht üben, weil ihre einzige Gesellschaft das Baby war. Der Kontakt mit dem Ehepaar war minimal und in ihrer abgesonderten Unterkunft unterm Dach fühlte Mariëtte sich unwohl und unsicher.

Bald wurde von den Niederlanden aus eine Rettungsoperation organisiert: Einer unserer Brüder fuhr mit zwei Freunden nach Paris, räumte Mariëttes Dachzimmer aus und nahm sie mit. Es war inzwischen über die Au-pair-Organisation eine neue Familie für sie in Paris gefunden worden, damit sie ihr Zwischenjahr und den Französischkurs nicht vorzeitig abbrechen musste. Meine Schwester hatte aber kein Glück, denn auch in der neuen Situation kam es anders als gedacht. Sie landete bei einem amerikanischen Ehepaar mit zwei Teenies, die sie unter Kontrolle halten sollte. Da die zwei nur wenig jünger als Mariëtte waren, erlebten sie tolle Zeiten miteinander. Eigentlich waren sie drei Jugendliche, die immer wieder das Haus für sich hatten, weil die Eltern sehr viel weg waren. Französisch wurde nicht gesprochen, die Familie kam ja aus Amerika.

Sie denken vielleicht, dass Mariëttes Jahr in Paris sein Ziel verfehlte. Sprachlich war das vielleicht so, weil sie mit der französischen Sprache nicht besonders gut vorankam. Dennoch war dieses Jahr für sie in einer ganz anderen Hinsicht sehr fruchtbar, ja sogar lebensverändernd. Meine Schwester wurde nämlich eingeladen von Studenten der Bibelschule Lamorlaye in Paris, die Abende für Au-pairs organisierten. Dabei ging es um einiges mehr als ein Kennenlernen und ein gemütliches Beisammensein. An diesen Abenden kam nämlich auch die Bibel zu Wort in kurzen Impulsen und im gemeinsamen Bibelstudium. Für meine Schwester war das alles ganz neu und faszinierend. Sie hörte zum ersten Mal in ihrem Leben das Evangelium, und es kam an. In der Woche vor ihrer Rückkehr nach den Niederlanden kniete sie in ihrem Zimmer vor ihrem Bett und betete zu dem Herrn, den die Bibelschulstudenten ihr nahegebracht hatten. »Ich vertraute Jesus mein Leben an«, sagt sie heute. »Aber was das genau beinhaltete, davon hatte ich eigentlich noch keine Ahnung. Das kam erst später.«

Gott hat das Leben meiner Schwester völlig verändert. Und nicht nur ihr Leben, denn es ist ihr zu verdanken, dass ich als 19-jährige Studentin an einer christlichen Studentenkonferenz in Österreich teilnahm und dort zum Glauben fand und Christ wurde. In späteren Jahren würde ich in Österreich in der christlichen Studentenarbeit tätig sein. Mariëtte verbrachte nach ihrem Studium an der Uni Utrecht ein Jahr auf dem Missionsschiff »Logos Hope« von *Operation Mobilisation*, dann folgte eine Ausbildung an einer britischen Bibelschule. In späteren Jahren verbrachten sie und ihr Mann einige Jahre als Missionare in Tansania und Uganda. Heute sind beide Rentner. Sie sind aktive Mitglieder einer christlichen Gemeinde und haben ein offenes Haus, wo viele Menschen für kürzere oder längere Zeit einkehren.

*»Ich bin gekommen,
damit sie [die Menschen] das Leben haben
und es im Überfluss haben.«*
Jesus in Johannes 10,10

29. Der Bienenchor

Eine Wanderung in Mai. Auf der griechischen Insel Korfu ist der Frühling überwältigend anwesend. Der schwere Duft der Feldkräuter nimmt mir fast den Atem. Ich versuche einige der Pflanzen zu identifizieren – wilder Dill und Spinat, Klee in verschiedenen Sorten und unzählige Blumen, die mir unbekannt sind. Eine Schildkröte taucht aus dem hohen Gras auf und kreuzt unbefangen (und träge) unseren Weg. Und überall um uns herum schwärmen Bienen, schwer beladen mit Blütenstaub, der immer mehr wird, bis sie so übergewichtig sind, dass sie kaum noch fliegen können und wie betrunken von der einen zu der anderen Blume schwanken. In der Stille, die uns umgibt, ist ihr aufgeregtes Summen fast ohrenbetäubend.

Wir besuchen eine kleine Ortschaft am Fuß des Pantokratorberges, wo zu dieser Zeit nur noch wenige – nicht einmal zehn – Menschen fest wohnen. Das Dorf hat eine faszinierende Geschichte, denn seine ursprünglichen Einwohner sind vor vielen Jahren von der Küste landeinwärts gezogen, um sicher zu sein vor Angriffen von Piraten. Sie haben ihre Siedlung hinter Hügeln aufgebaut, damit sie vom Meer aus nicht sichtbar war. Es muss ein lebendiger und autarker Ort gewesen sein. Zwar sind die meisten Häuser inzwischen verfallen, man kann zwischen den Ruinen dennoch die Dorfschule, eine Bäckerei, ein Lebensmittelgeschäft und eine traditionelle Weberei erkennen. Die Häuser zu betreten, ist nicht möglich, denn die hölzernen Balken und Flurteile sind verrottet und die Dächer sind großteils zusammengebrochen. Zwischen den Spalten und Ritzen wuchern Olivenbäume und Unkraut. Ein wenig entfernt vom Dorf steht eine Kirche, die noch intakt ist.

Es ist eine merkwürdige Erfahrung, ein fast menschenleeres und verfallenes Dorf zu besuchen. Die meisten Einwohner sind schon vor Jahren aus ökonomischen Gründen weggezogen. Nur der alte Imker und seine Frau sind geblieben und eine Familie mit drei Generationen, die das kleine Restaurant ihrer Vorfahren tapfer (und mit Erfolg) weiterführt. Sie hoffen, dass die Wanderer, die diesen paradiesischen Platz auf Erden entdeckt haben, zurückkommen werden und das Dorf langsam wiederbelebt werden wird. An diesem Tag sind wir – vier

Freunde aus Nordirland und den Niederlanden – die einzigen Besucher der Ortschaft. Als wir etwas zögernd die Terrasse des kleinen Restaurants betreten, werden wir mit offenen Armen empfangen. Wir setzen uns unter eine »Decke« von Weinranken voller dicker Trauben und genießen eine traumhafte Aussicht über Hügel und Wiesen voller Blumenpracht. Und als sei das alles nicht genug, werden wir verwöhnt mit einer frisch gebackenen Spinattorte mit reichlich Knoblauch und einem Glas Wein von Trauben aus eigenem Anbau. Einen Ansporn, um irgendwann wiederzukommen, brauchen wir nicht mehr. Wenn es irgendwie geht, werden wir dieses Dorf in der Zukunft wieder besuchen. Es wird aber sicherlich nicht mehr lange so authentisch und still bleiben, wie es jetzt ist. Touristen, die die Insel besuchen, wird diese Ortschaft schon nachdrücklich als Sehenswürdigkeit angepriesen. Man will in kommenden Jahren die Ruinen der Häuser restaurieren, aus einer davon ist schon eine Frühstückspension geworden. Sie ist auffallend vornehm eingerichtet, die Zimmer mit wunderschönen Badezimmern dienen öfter als Brautsuite und Zimmer für die Hochzeitsgäste. Es wäre ein tolles Filmszenario: eine Hochzeitsfeier in einem Ruinendorf!

Während wir uns nach dem Mittagessen einen Weg durch die blühenden Felder bahnen, stoßen wir auf eine kleine Gruppe von Malern, die sich hier für einige Stunden niedergelassen hat. Sie sitzen im hochgewachsenen Gras auf winzigen Klappstühlen vor ihren Staffeleien und tragen große Schlapphüte, um sich gegen die Sonne zu schützen. Ohne es zu wissen, formen sie selbst ein schönes und buntes Gemälde. Und wiederum oder noch immer sind die Bienen da. Ihr Pelz glänzt in der Sonne, sie laben sich summend an dem Nektar der Feldblumen.

Uns überfällt ein fast paradiesisches Gefühl. In dieser wunderschönen Umgebung mit ihrer unberührten Natur sind alle Sinnesorgane gefragt, um alles in uns aufzunehmen – um zu sehen, zu berühren, zu kosten, zu riechen, zu hören. Um … die Liebe und Kreativität unseres Gottes wahrzunehmen in seiner vielfältigen Schöpfung: die Werke seiner Hände, die sich hier – unter strahlender Sonne – in all ihrer Pracht offenbaren. Beglückt und beflügelt sind wir in diesen Stunden weit entfernt vom Lärm und Getue der Welt. Kinder Gottes unter einem offenen Himmel. Zugesungen von einem Bienenchor.

»Es jauchze das Feld und alles,
was darauf ist!«
Psalm 96,12

30. Sag's dem Herrn

Es hat das neue Jahr begonnen, als ein Landwirt sich während Waldarbeiten eine schwere Kopfverletzung zuzieht. Es folgen eine Gehirnblutung und Lähmungserscheinungen. Einmal im Krankenhaus, kommt es noch schlimmer, als ein Sturz eine ernsthafte Gehirnschädigung verursacht.

Während Friedrich operiert wird und in Lebensgefahr schwebt, wartet seine Frau Anne auf der Intensivstation. Dort fällt ihr ein Flyer an der Wand ins Auge. Der Text ist von einem anderem Blatt verdeckt bis auf diese Worte: »Sag's dem ...«. Gemeint ist: »Sag's dem Krankenhaus«, Anne aber erinnern die ersten Worte an das alte Glaubenslied »*Sag's dem Herrn*«, das Menschen ermutigt, ihr Vertrauen in allen Situationen auf den Herrn zu setzen. Diese paar Worte an der Wand sind für sie eine Botschaft aus dem Himmel; Anne braucht diese Ermutigung, um Gott zu vertrauen, sie braucht seinen starken Arm, um mitten im Sturm stehen bleiben zu können.

Es folgen unendlich schwere Monate. Vom Krankenhaus geht es in eine Rehaklinik; als dort aber keine Besserung eintritt, folgt eine Aufnahme in eine Anstalt für Intensivpflege. In diesen Monaten ist die Familie umringt von einer Mauer des Gebets von ihren Freunden, von denen manche vorbeikommen und mit ihnen beten. In dieser so schmerzhaften Zeit erleben sie ein unglaubliches und trostreiches Miteinander. Sie erleben eine Liebe, die trägt und die bleibt. Anne und die Kinder erfahren, wie unendlich kostbar es ist, wenn Menschen bereit sind (und es auch schaffen), über längere Zeit teilzuhaben an ihrem Leid. Für sie alle ist Friedrich kein Patient, sondern der wertvolle und geliebte Mensch, der er immer schon war und noch immer ist.

Wie schmerzlich muss es für diesen einst so starken und fitten Mann sein, Dinge (vielleicht) dämmrig wahrzunehmen, aber sich nicht äußern zu können. Wie tief erschütternd ist es auch für Anne, nicht zu wissen, was Friedrich wohl nachvollziehen kann oder nicht. Dass er Menschen erkennt, ist deutlich, denn wenn Freunde ihn besuchen, winkt er mit der Hand, die nicht gelähmt ist. Er schaut sie an und folgt ihnen mit seinen Augen. Dass seine Anne da ist, ist ihm sehr bewusst. Öfter hebt er die

Hand und reicht sie ihr. Ein paar Mal kommt es vor, dass er strahlt. Es sind alles Dinge, die Anne als Wunder und als Trost Gottes erfährt. Dennoch gibt es eine herzzerreißende Spannung zwischen einerseits dem Glauben an Gottes mächtiges Eingreifen (die Heilung) und andererseits dem Annehmen der schmerzhaften Situation und des vielleicht leidvollen Endes. Gott kann Berge versetzen, daran zweifelt sie nicht. Er kann aber auch entscheiden, die Berge stehen zu lassen. Er tut das aber nie, ohne uns seine Kraft zu schenken, damit wir das von uns Unerwünschte ertragen können. In allen Umständen bleibt er unsere Hoffnung.

Es geht etwas mehr als ein Jahr vorbei, als der Vorhang fällt. Die Coronapandemie hat unseren Kontinent im Griff, es kommt zu einem Lockdown und einem absoluten Besuchsverbot. Wir erinnern uns an dramatische Geschichten von Menschen in Altersheimen oder Krankenhäusern, die während des Lockdowns völlig isoliert waren, weil ihre Verwandten und Freunde sie nicht besuchen durften. Es hat Menschen gegeben, die verpackt wie Mondmännchen zum Bett eines geliebten Menschen durchgedrungen sind, um nur wenige Minuten mit ihnen verbringen zu können. Es gibt Heldengeschichten von erwachsenen Kindern, die einen Lkw mit Drehleiter organisierten, um damit das Fenster ihrer Mutter oder ihres Vaters im dritten Stock zu erreichen und ihnen zuzuwinken.

Auch Anne hat ihre Heldengeschichte. Sie zieht während des Lockdowns ins Zimmer ihres Mannes in der Pflegeanstalt ein. Dort schläft sie auf einer Matratze, die sie tagsüber an die Wand lehnt, damit genügend Platz im Zimmer bleibt. Ihr Sohn und seine Frau versorgen sie mit Essen und Wäsche. In dieser Zeit kann Anne, die Grundschullehrerin ist, dank der Hilfe ihrer Kollegen ihre Schüler über Internet und Telefon begleiten. Sie hört Musik und spielt Gitarre, manchmal schaut sie fern. Sie ist nicht ganz isoliert, denn sie kann mit Friedrich im Rollstuhl draußen spazieren gehen, solange sie Kontakt mit anderen Menschen vermeidet.

Das alles dauert fast drei Monate lang. Und zwar bis die Familie eine gewagte Entscheidung trifft. Sechzehn Monate nach dem Unfall bringt man Friedrich auf den Bauernhof, wo er sein ganzes Leben gewohnt hat. Sein Zustand hat sich nicht verbessert, dennoch ist dieser neue Schritt jetzt dran. Die Familie will ihn dort haben, wo er hingehört: daheim.

Es gibt kein Pflegeteam, aber Anne ist zuversichtlich. Sie hat inzwischen viel Erfahrung, da sie so lange Zeit rund um die Uhr bei der Betreuung ihres Mannes anwesend gewesen ist. Eigentlich war diese Zeit ein

Schnellkurs in Intensivpflege, die speziell auf die Bedürfnisse ihres Mannes zugeschnitten war. Nun will sie ihn in seiner vertrauten Umgebung versorgen. Es geht also nach Hause. Dort werden die Kräfte gebündelt. Anfangs betreuen Anne, ihr Sohn und seine Frau Friedrich allein, später melden sich nach und nach freiwillige Pflegekräfte und andere Helfer, die die Familie unterstützen. Wiederum erleben sie das Geschenk eines starken Miteinanders.

Zweieinhalb Jahre nach seinem Unfall stirbt Friedrich auf seinem vertrauten Bauernhof. Ein Heilungswunder hat es nicht gegeben, dafür aber immer wieder »kleine« Wunder, die Zeichen waren von Gottes Liebe und Beistand. Für Friedrich geht es heim, zu dem Ort, wo es ein großes Staunen und keine Tränen mehr gibt. Für Anne und die Kinder fängt eine Zeit an, in der das Erlebte einen Platz bekommen soll, ohne sie im Vergangenen festzuhalten. In ihrer Trauer dürfen sie sich aufrichten und im Vertrauen auf Gott ihren Weg gehen. Ohne Friedrich, dennoch auch mit ihm, denn er ist Teil ihres Lebens, und das wird er bleiben.

Möge es so sein, dass die Erinnerung an das Leiden verblasst und dass Anne und die Kinder unter Gottes Obhut vorausblicken und das Leben neu umarmen. Der Herr, der sie in den schmerzvollen Jahren begleitet und ihnen geholfen hat, hat sich nicht verändert: Er ist und bleibt treu. Er hat Wunder geschenkt und er wird es wieder tun. Für Anne und die Kinder geht das Leben auf dieser Erde weiter. Sie wissen sich bei Gott geborgen. Sie wissen auch, dass die Zeit kommt, in der sie alle sich wiedersehen werden. Auch das ist ein Wunder.

»Eine Zuflucht ist dir der Gott der Urzeit,
und unter dir sind ewige Arme.«
5. Mose 33,27

31. Dolores

Sie hatte gute 20 Jahre lang als Prostituierte gelebt. Es hatte alles angefangen, als sie in ihrer Heimat in Südamerika einen Niederländer kennenlernte, der ihr sagte, dass er ihr helfen könne, eine neue Zukunft aufzubauen. Sie war eine alleinstehende Mutter und lebte mit ihren Kindern und der Oma in armseligen Verhältnissen. Der nette Niederländer sagte ihr, dass sie in seiner Heimat gut verdienen könne. Er würde ihr dort eine Arbeitsstelle besorgen, die ihr genügend Geld verschaffen würde, um den Lebensunterhalt für ihre Kinder zu bezahlen. Außerdem würde sie in etwa drei Jahren genügend Geld ansparen können, um nach Südamerika zurückzukehren und dort mit ihrem Ersparten ein kleines Geschäft aufzubauen. Ihre Flugreise nach Amsterdam würde er vorübergehend für sie bezahlen. Die Oma bot an, für die Kinder zu sorgen.

Es war fast zu schön, um wahr zu sein. Es war auch

nicht wahr. Erst in den Niederlanden wurde Dolores klar, was ihre Arbeit beinhaltete. Ihr Bekannter ließ sich nicht mehr blicken; ein Kompagnon brachte sie direkt vom Flughafen ins Prostituiertenviertel in Amsterdam, wo sie ein winziges Zimmer erwartete. Er nahm ihr den Reisepass ab und sagte ihr, dass es sinnlos sei, wenn sie einen Kunden um Hilfe bitten oder irgendwie die Polizei verständigen würde. Sie war ja illegal in den Niederlanden und konnte sich zudem ohne Reisepass nicht identifizieren. Er sagte ihr auch, dass er sie jeden Tag aufsuchen würde, um ihre Verdienste einzukassieren.

Ich begegnete Dolores in den Jahren, als ich beim niederländischen Fernsehen tätig war und wir eine Dokumentation über Prostitution drehten. Dolores war unser Gast. Eigentlich drehte sich die ganze Dokumentation um ihre Lebensgeschichte und um das Wunder, dass sie gut 20 Jahre Prostitution (worin sie etwa zehn Mal zu einer Abtreibung gezwungen wurde) überlebt hatte. Es waren in diesen Jahren immer wieder zwei ältere Frauen an ihrem Fenster vorbeigegangen. Sie brachten ihr kleine Geschenke – eine Seife oder etwas Süßes zum Essen. Wenn Dolores keine Kunden hatte, kamen sie kurz in ihr Zimmer. Und immer umarmten sie sie beim Abschied und beteten für sie.

Die Besuche der beiden alten Damen taten Dolores

unendlich gut. Von ihnen fühlte sie sich angenommen; sie gewann Vertrauen in die beiden und freute sich auf sie. Vor allem die gemeinsamen Gebete waren ihr ein großer Trost. Zwar stammte Dolores aus einem katholischen Hintergrund, das alles hatte sie aber hinter sich gelassen. Dass sie als Prostituierte von diesen unbekannten Frauen und von Gott gesehen und geliebt wurde, konnte sie kaum fassen.

Im Laufe der Zeit wurde es in Dolores' Leben hell. Es kam der Moment, in dem sie sich Gott anvertraute und mithilfe der beiden Damen aus der Prostitution befreit werden konnte. An einem sicheren Ort, weit weg von Amsterdam, folgte ein langer, mühsamer Weg von Genesung und Anpassung. Ja, es dauerte Jahre, bis ihre emotionalen Wunden geheilt waren und sie es schaffte, ihre Vergangenheit hinter sich zu lassen.

Der Apostel Paulus sagte einmal, dass Menschen, die sich Jesus anvertrauen, neu werden. Dolores ist der Beweis dafür, dass diese Worte wahr sind. Ich begegnete in ihr einer besonderen Frau, die eine seltene Lauterkeit ausstrahlte. Nichts in ihrem Wesen erinnert an die vielen Jahre, in denen sie fortwährend gedemütigt und missbraucht wurde. Heute ist sie eine ausgeglichene Person, die eine große Liebe für Jesus und ihre Mitmenschen ausstrahlt. Sie hat geheiratet und ist gemeinsam mit ihrem

Mann in der christlichen Gemeinde an ihrem Wohnort aktiv.

»Ist jemand in Christus,
so ist er eine neue Schöpfung:
das Alte ist vergangen;
siehe, es ist alles neu geworden!«
2. Korinther 5,17

32. Fremdsprachen üben

Meine Schwester Mariëtte lebt (mit einer oder zwei kurzen Unterbrechungen) seit über vierzig Jahren in England. Sie spricht eigentlich kaum noch niederländisch, weil weder ihr Mann noch ihre zwei Töchter ihre Muttersprache gelernt haben. Während eines Besuches bei der niederländischen Verwandtschaft wird automatisch von uns allen englisch gesprochen. Wenn meine Schwester und ich aber unter uns sind, kommunizieren wir in unserer vertrauten Muttersprache. Wir graben alte Erinnerungen aus, singen lauthals Lieder aus unserer Kindheit und Jugend und biegen uns vor Lachen über Dinge, die die Engländer meistens nicht als lustig empfinden. Sie schauen erstaunt oder eher etwas geniert zu, während uns vor lauter Lachen jede Sprache wegbleibt und uns die Tränen übers Gesicht strömen. Sie sind doch völlig verrückt, diese Niederländer …!

Ich habe den Eindruck, dass viele Briten davon

ausgehen, dass sie mit der englischen Sprache überall zurechtkommen und von daher nicht unbedingt Fremdsprachen lernen müssen. Für meine englische Familie gilt das auf jeden Fall. Wenn es ins Ausland geht, ist meine Schwester für ihren Mann und Kinder die Wortführerin und Dolmetscherin. Dass sie im Urlaub alles Mögliche regeln und bei allerhand Sachen helfen kann, wird dankbar angenommen und groß ausgenützt. Warum sollte man eine Fremdsprache lernen, wenn die Mama da ist? Meine Warnung, dass mein Schwager und die Kinder alle hilflos dastehen werden, falls meine Schwester in der Zukunft von Altersdemenz oder Alzheimer betroffen sein wird und dann nur noch ihre Muttersprache sprechen und verstehen kann, wird von allen schlichtweg ignoriert. Kommt die Zeit, kommt der Rat, so ihre Devise. Solange ihre Sprachkenntnisse ausreichen, um in einem niederländischen Restaurant typische niederländische Leckereien wie zum Beispiel *pannenkoeken met stroop* (Pfannekuchen mit Sirup) zu bestellen, ist alles bestens in Ordnung.

Inzwischen hat sich Folgendes getan. Da meine Schwester und ihr Mann ziemlich abgeschieden auf dem Land in der Grafschaft Suffolk leben und sie gern neue Menschen kennenlernen möchte, hat Mariëtte sich kürzlich für eine französische Konversationsgruppe angemeldet. Ihr Mann hat dieses Wagnis an sich vorbeigehen lassen, er hat sich für einen Malkurs angemeldet.

Die ersten Erfahrungen meiner Schwester hören sich vergnüglich an. Es haben sich etwa sechs Personen angemeldet. Sie alle sind im fortgeschrittenen Alter und sie alle haben etwa vier bis fünf Jahre Französischunterricht in der Schule gehabt. Mit der französischen Sprache kommen sie trotzdem überhaupt nicht klar. Meine Schwester, die wegen des Mangels an Übung auch nicht mehr 100-prozentig zu Hause ist in der französischen Grammatik, ist in diesem Kreis die Heldin, weil ihr Französisch fast akzentlos ist und ihre Fehler von niemandem bemerkt werden. Ohne es zu »verdienen«, bekommt sie immer wieder viel Anerkennung und Lob der Gruppe. »Hier ist der endgültige Beweis«, sagt sie mir, »dass der Einäugige im Land der Blinden König ist.«

Trotz Mangel an Französischkenntnissen nehmen die Teilnehmer der Konversationsgruppe sich vor, bei jedem Treffen »große Themen« zu besprechen, selbstverständlich auf Französisch. Es sind Themen wie »Was war mein schönster Urlaub?«, »Was habe ich gestern gekocht und was habe ich dafür einkaufen müssen?« oder »Was habe ich nach meinem Abitur gemacht?« Als meine Schwester bei diesem letzten Thema dran war, hat sie eine wundervolle Geschichte aufgeschrieben über ihre Erfahrungen als Au-pair-Mädchen in Paris, dann als Mitfahrende auf dem Missionsschiff von *Operation Mobilisation* und als Studentin in den Niederlanden und in England. Als sie ihre Geschichte vorgelesen hat, hörten alle interessiert zu und schienen gut mitzukommen. Als man meine Schwester aber beim Abschied (auf Englisch) fragte, was sie eigentlich in Paris gemacht hat und was das mit dem Schiff gewesen sei, wurde deutlich, dass man kaum eine Silbe von ihrer Rede verstanden hatte. Dasselbe geschah, als Mariëtte einen Chanson von Georges Brassens gesungen hat, wobei sie sich selbst auf ihrer Gitarre begleitet hat. Man verstand nichts vom Text, schon beim ersten Satz waren alle verloren. Dennoch haben alle atemlos zugehört und sich während des Chansons auf einer französischen Terrasse gewähnt.

»Es macht nichts, dass wir überhaupt nicht weiterkommen«, sagt meine Schwester munter. »Es geht um die Gemütlichkeit, wir treffen uns gern und genießen unsere gemeinsamen Zeiten. Mir selbst ging es an erster Stelle um die Begegnungen, und das ist durchaus gelungen. Die Stimmung ist so herzlich und so entspannt, dass eine der Teilnehmerinnen geäußert hat, dass die Konversationsstunde für sie therapeutisch wirkt. Diese Dame kommt kaum von zu Hause weg, weil ihr Mann demenzkrank ist und ständig Aufsicht braucht. Die ›französische Stunde‹

aber lässt sie sich nicht nehmen, weil sie dort wieder Mensch und keine Pflegerin ist und zu Atem kommt. Jedes Mal geht sie beglückt und mit neuem Mut nach Hause. Ich selbst bin auch glücklich, denn ich habe tatsächlich neue Menschen kennengelernt, und es gibt hin und her Einladungen zum Kaffeetrinken oder Essen, was immer eine Freude ist.«

Wenn ich in etwa zwei Wochen einen Kurzurlaub in Suffolk machen werde, findet am Tag meiner Ankunft im Haus meiner Schwester das »Konversationstreffen« statt. Mariëtte möchte ihre Gäste verwöhnen mit einer französischen Zwiebelsuppe, verschiedenen französischen Käsesorten, frisch gebackenen Baguettes und einem Rotwein. Bei so viel Gutem bleibt einem Menschen sicherlich die Sprache weg! Und wir können dann irgendwann gemütlich auf Englisch wechseln.

»Wenn ich in Sprachen der Menschen
und der Engel redete, aber keine Liebe hätte,
wäre ich ein tönendes Erz
oder eine klingende Schelle.«
Der Apostel Paulus in 1. Korinther 13,1

33. Die Stecknadel

Meine Schwester hat in den Anfangsjahren ihrer Ehe in Dedham in England gelebt. Dieses Städtchen in der Grafschaft Suffolk ist bei Touristen sehr beliebt. Es liegt an dem Fluss Stour, der zum Kajakfahren oder Rudern einlädt, und seine Hauptstraße ist durch die Fassaden und mittelalterlichen Holzarbeiten der Häuser ein Traum. Dinge, die man in Dedham nicht verpassen soll, sind das *Arts & Craft Centre* in einem früheren Kirchengebäude, das *Munnings Art Museum* und die Kunstgalerien. Selbstverständlich darf auch ein Besuch in einem der Pubs oder im »Tearoom« mit seinem verführerischen »High Tea« nicht fehlen.

Fast immer, wenn ich in Suffolk bin, besuche ich Dedham, und fast immer schaue ich mir die alte Kirche an. Sie steht etwas erhöht in der Hauptstraße des Städtchens gegenüber dem Tearoom, einem kleinen Supermarkt und einer Drogerie. Gebaut wurde sie im Jahr 1492 auf dem

Grundstück, wo in früheren Jahren (seit 1322) eine kleine Kirche stand, die dem Zahn der Zeit leider nicht standgehalten hat. Die Baukosten der neuen Kirche, die groß und imponierend ist, wurden getragen von vermögenden Kaufleuten, die mit Wolle handelten, was im Mittelalter ein sehr lukratives Geschäft war.

Als ich vor einigen Jahren wieder mal in der großen Kirche in Dedham war und die alten Gedenksteine, die an der Wand befestigt sind, betrachtete, blieb mein Blick auf einem davon hängen, weil sein Text sehr außergewöhnlich ist. Meistens liest man so etwas wie: »In Erinnerung an X, geliebte Ehefrau, geliebter Ehemann, geliebter Sohn oder geliebte Tochter von …«, und dann folgen die Geburts- und Sterbedaten. Manchmal oder eher selten wird auch die Todesursache des Verstorbenen erwähnt. Auf dem Stein, der meinen Blick gefangen nahm, standen diese Dinge auch: Die Verstorbene war eine Judith, die Ehefrau eines Generals. Sie beide waren seit vielen Jahren Mitglied der kirchlichen Gemeinde. Am 25. Januar 1747 schlug das Schicksal zu, denn Judith starb mit nur 35 Jahren. Sie war »much lamented«, was bedeutet, dass ihr Sterben bei vielen Menschen eine große Trauer auslöste. Der Grund ihres Sterbens wurde beschrieben als ein Unfall. Judith hatte aus Versehen eine Stecknadel verschluckt.

Man kann schlimme Dinge hören oder lesen und sie dann wieder vergessen, bei mir aber wirken sie oft lange nach. Irgendwie hat diese gruselige Geschichte mich in den Bann gezogen. In Gedanken sehe ich Judith, die ein Kleidchen für ihr Töchterchen näht. Sie hat einige Stecknadeln zwischen ihre Lippen geklemmt, als sie erschrickt, weil ihr Töchterchen unangekündigt ins Zimmer stürmt und sich wild in ihre Arme wirft. Vielleicht ist es anders gewesen und Judith musste sich bücken, um eine Rolle Garn, die von ihrem Schoß gefallen war, vom Boden aufzuheben. Oder sie bekam einen Hustenanfall und holte dabei tief Luft. Wie auch immer, Judith verschluckte eine Stecknadel. Sicherlich ist ihr dabei heiß vor Schreck geworden, und es wird nicht lange gedauert haben, bis die Angst sie ergriff. Die Stecknadel hat sich einen Weg durch ihre Speiseröhre gesucht, vielleicht ist sie irgendwo stecken geblieben. Der bloße Gedanke ist unerträglich. Heutzutage wäre es wahrscheinlich möglich gewesen, sie mithilfe von Röntgenbildern zu lokalisieren und operativ zu entfernen. Für Judith, die im 18. Jahrhundert lebte, war eine solche Hilfe ausgeschlossen.

Wie lange Judith nach diesem schrecklichen Vorfall gelebt hat, wird nicht gesagt. Aber jedes Mal, wenn ich in der alten Kirche in Dedham bin und fast automatisch Judiths Gedenkstein suche, werde ich von einem tiefen

Entsetzen ergriffen. Für Judiths Sohn ist das Unglück seiner Mama so unvergesslich gewesen, dass er es nach dem Tod seines Vaters noch extra auf den Gedenkstein seiner beiden Eltern hat eingravieren lassen: »Sie hat aus Versehen eine Stecknadel verschluckt.« Es sind nur wenige Worte, die aber Bände sprechen. Die Tragödie, von der diese Familie durch eine kleine Stecknadel betroffen worden war, war unbeschreiblich groß. Es ist fast unglaublich, dass ein so banaler Gegenstand einem Menschen zum Verhängnis werden konnte.

Über eine Sache bin ich fest entschlossen. Näharbeiten habe ich, ehrlich gesagt, nie gern gemacht, aber in Zukunft werde ich alle Näharbeit stoisch vermeiden und jede Stecknadel aus meinem Haus verbannen. Ein Unglück ist ja schnell geschehen.

»Der Kluge sieht das Unglück voraus
und bringt sich in Sicherheit.«
Sprüche 27,12 (NeÜ)

34. Eine neue Perspektive

Heute habe ich mich auf den Weg zu einem Naturschutzgebiet gemacht. Dort habe ich mich in eine Hütte zurückgezogen, von der aus man Vögel beobachten kann. Nun sitze ich auf der schmalen hölzernen Bank direkt vor dem Spalt, der mir einen Blick auf den See und die Landschaft rundum bietet. Es ist still, wohltuend still. Sogar der Wind »ruht«, es ist fast windstill, das Kräuseln des Wassers ist kaum wahrzunehmen.

Es gibt Momente, da muss man etwas Abstand vom Alltag gewinnen und wieder zu Atem kommen. Und das nicht nur, weil man (zu) viel zu tun hat, sondern weil man überwältigt ist von allem, was in unserer Welt vorgeht. Weil die Not rund um uns herum – Armut, Hunger, Naturkatastrophen, Ungerechtigkeit, Aggression, Verfolgung, Kriege – wie eine steinerne Last auf uns liegt. Man sieht sie vor sich – die zahllosen Menschen auf der Flucht, die verzweifelten Eltern, die ihre Kinder nicht schützen können, die Alten und Schwachen, die sich selbst überlassen sind, die Hungernden, die Sterbenden.

Nun sitze ich in aller Stille am See und rede lautlos mit meinem Gott. Ich öffne ihm mein aufgewühltes Herz, meine Frustration, meine Empörung, meine ... Angst. Herr, kann es noch schlimmer werden? Wie soll es weitergehen?

Ein Kormoran hat sich ziemlich direkt vor mir auf einem Steg am See niedergelassen. Ich beobachte durch mein Fernglas, wie er sein Federkleid ordnet, ein bisschen vor sich hin döst und sich dann entspannt umschaut, ob sich irgendwo etwas tut. Abgesehen von ein paar Blesshühnern ist er allein. Eine hellblaue Seejungfer streicht über den See, dann verschwindet die zarte Libelle in das Schilf am Ufer. Der Kormoran reckt den Hals, streckt die Beine und taucht graziös ins Wasser. Eine Möwe nimmt seinen Platz am Steg ein, macht es sich bequem und schließt die Augen. Am Himmel bildet sich eine Wolkenmasse, die wie ein Berg aus sanften weißen Baisers wirkt.

In mir wird es allmählich still. Es ist, als wäre meine gebeugte Seele in der alten Holzhütte aufgerichtet worden. Mein Fernglas hat mir geholfen, eine andere Perspektive zu bekommen. Ich kann das Elend dieser Welt nicht abwenden, ich kann den Gefahren und Risiken nicht ausweichen, ich stehe als Mensch mit leeren Händen da. Das macht nicht nur verletzlich, es macht einem manchmal Angst. Es gibt aber eine Realität, die unendlich viel größer ist, als wir uns vorstellen können. Es gibt einen Gott, der über allem steht und der nicht fallen lässt, was er erschaffen hat. Der Gott der Bibel ist allmächtig und zuverlässig – er hat nicht die Kontrolle verloren. Es wird alles so ausgehen, wie er es gesagt und verheißen hat. Er ist unsere Hoffnung und unsere Kraft.

»Herr, deine Gnade reicht bis zum Himmel,
deine Treue bis zu den Wolken ...
bei dir ist die Quelle des Lebens,
in deinem Licht schauen wir das Licht.«
Psalm 36,6.10

35. Das Quiz

Seit einigen Jahren bin ich regelmäßig als Referentin bei Frauenfreizeiten in einem Bibelkonferenzzentrum im Schwarzwald eingeladen. Wir erleben intensive Tage mit Bibelvorträgen und Seminaren und genießen die Gemeinschaft untereinander. Nachmittags wird geruht, gewandert, geplaudert, gelesen oder gepuzzelt, bis wir uns gegen 15.00 Uhr bei Kaffee und Kuchen wieder treffen. Es ist für die Teilnehmer eine kostbare Zeit von Entspannung und Anspannung. Am Ende der Freizeit geht man erfrischt und beschenkt zurück in den Alltag.

Ein spannender Programmteil bei manchen Frauenfreizeiten ist das Bibelquiz. Jeden Tag gibt es zwei bis vier Fragen, die ein richtiges Erforschen der Bibel erfordern. Zum Beispiel geht es darum herauszufinden, wer in der Bibel auf seiner Reise zehn Festkleider mitnahm oder wer unter einer nassen Decke starb. Wir lassen die Teilnehmer nicht hängen, denn im Vortragsraum liegen

Exemplare des Lexikons der Bibel bereit, die man bei der Suche nach der richtigen Antwort konsultieren kann. Es macht Spaß zu sehen, wie eifrig studiert wird und wie unterschiedlich man dabei vorgeht. Während manche Teilnehmer bewusst allein recherchieren und ihre Entdeckungen für sich behalten, gibt es andere, die zusammenarbeiten. Auch kommt es vor, dass die Teilnehmerinnen ihren Ehemann, Freunde oder sogar ihren Pastor anrufen in der Hoffnung, dass diese helfen können. Ein jeder ist fest entschlossen, keine Frage unbeantwortet zu lassen.

Am Ende der Freizeit werden die Antworten der Quizfragen bekanntgegeben, und es werden die Punkte gezählt. Dabei geht es meistens chaotisch zu, weil alle durcheinanderreden und es immer wieder Diskussionen über die Richtigkeit der einen oder anderen Antwort gibt. Es ist faszinierend zu erleben, dass das Quiz für die meisten Teilnehmer ein nettes Spiel ist, während andere es sehr ernst nehmen. Manche Menschen lachen nur, andere können sich richtig über das eine oder andere ärgern. Wie auch immer, am Ende des Projektes werden die Gewinner von allen Anwesenden bejubelt, und sie bekommen einen Preis. Einmal ist dabei Unerwartetes geschehen, was ergreifende Folgen hatte.

Es stellte sich heraus, dass sieben Personen die gleiche

hohe Trefferquote hatten, womit sie alle Gewinner waren und ein Anrecht auf den ersten Preis hatten. Wir riefen die sieben nach vorne und entschieden spontan, eine neue Quizfrage zu stellen. Diejenige von ihnen, die als Erste die richtige Antwort wusste, würde die Siegerin sein. Nach dieser Ankündigung wurde es auf einmal ganz still im Saal, die Spannung hing wie ein aufziehendes Gewitter über uns. Es durfte doch nicht so sein, dass eine Frage das Schicksal dieser sieben Personen bestimmen sollte?! Sie alle hatten stundenlang studiert, um die Quizfragen zu lösen, und nun bestand das Risiko, dass sie über eine letzte Frage strauchelen würden!

Während alle gespannt zuschauten, wurde die entscheidende Frage gestellt: »Welche Frau in der Bibel bekam zweimal zehn Kinder?« Und dann ... blieb es still! Die sieben Gewinnerinnen dachten nach, sehr tief nach. Es wurde geseufzt, es wurde gelitten, aber es kam keine Antwort. Bis eine Person hinten im Saal ihre Hand hochhob und rief: »Ich weiß es!« Wir warteten noch kurz, dann – als die sieben noch immer schwiegen – gaben wir ihr die Gelegenheit, die Antwort zu sagen. Und die war richtig: Es war die Frau von Hiob!

Nun hatten wir ein großes Dilemma. Die sieben, die vorn standen, waren eingeholt worden von einer Freizeitteilnehmerin, die nicht einmal an dem Quiz teilgenommen hatte. Während die sieben intensiv studiert hatten, hatte sie die freien Stunden genossen und »nichts gemacht«. Und nun sollte sie als Siegerin dastehen? Das schien allen sehr unfair zu sein.

Auf einmal kam mir eine Idee. Und zwar dachte ich an ein Gleichnis, das Jesus erzählt hat*. Dabei geht es um Tagelöhner, die in einem Weinberg arbeiten. Der Tageslohn ist ein Denar. Die Arbeiter fangen zu verschieden Uhrzeiten mit dem Arbeiten an: Einer ist in aller Früh da, andere kommen etwas später, der Letzte kommt so spät, dass er nur kurz arbeitet. Als die Arbeiter am Ende des Tages ihren Lohn bekommen, gehen die Erstgekommenen davon aus, dass sie mehr erhalten werden als die, die später zu arbeiten begonnen haben. Sie bekommen aber alle einen Denar, was bei denen, die früh angefangen hatten, Ärger und Neid weckt. Jesus beendet dieses Gleichnis mit den Worten: »So werden die Letzten die Ersten und die Ersten die Letzten sein« (Matthäus 20,16).

Zwar passte unsere Quiz-Erfahrung nicht direkt zu der der Arbeiter im Weinberg (diese hatten ja alle mitgemacht, aber unterschiedlich lang gearbeitet, während es bei uns danach aussah, dass eine Person, die nicht einmal mitgemacht hatte, belohnt werden würde), dennoch habe ich bei der Preisverleihung von diesem Gleichnis erzählt und Jesu Worte (»So werden die Letzten die

Ersten und die Ersten die Letzen sein«) zitiert. Wir haben zuerst herzlich gelacht, obwohl die sieben Gewinnerinnen uns auch leidtaten. Ich vermute, dass wir in diesem Moment vielleicht zum ersten Mal richtig verstanden, wie schwer es für die zuerst angekommenen Tagelöhnern aus dem Gleichnis Jesu gewesen sein muss, als sie quasi eingeholt wurden von den Feldarbeitern, die in letzter Minute dazu gekommen waren bzw. kaum gearbeitet hatten und gleich belohnt wurden wie sie. Nun erlebten unsere sieben fleißigen Studentinnen, die sich wirklich abgeplagt hatten, ein ähnliches Trauma!

Schließlich haben alle diese sieben einen Preis bekommen. Die achte Person, die erst dazu kam, als das Quizgeschehen eigentlich schon abgerundet worden war, haben wir auch »belohnt«. Wir hatten ja allen Anwesenden die Gelegenheit gegeben, in letzter Minute noch einzusteigen. Und das hatte sie getan. Mit Erfolg.

»So werden die Letzten die Ersten
und die Ersten die Letzten sein.«
Matthäus 20,1

---

* Die Botschaft, die Jesus in dem Gleichnis in Matthäus 20 vermittelt, ist, dass alle, die an ihn glauben und ihm dienen – ob erst kurz oder schon länger –, in Gottes Augen gleich sind bzw. dazugehören. Die Ersten haben keinen Vorteil, die Letzten keinen Nachteil. Das ist Gnade!

36. Ausschau halten in der Nacht

Als ich vor Jahren eine Vortragsreihe in einer Gemeinde in Split in Kroatien hielt, hatte man für mich und meine Begleiterin eine Unterkunft in einer kleinen Pension direkt am Meer organisiert. Es war ein wunderbarer Ort. Der Strand begann direkt vor der Tür und war nur wenige Meter breit – das Meer lag praktisch zu unseren Füßen. In der Nacht hörte man das sanfte Rauschen der Wellen, und vom Balkon aus sah man die Lichter der Fischerboote aufleuchten, die in der Dämmerung ausgefahren waren. Morgens in aller Früh kehrten die Fischer zurück mit ihrem Fang. Dann wurden die Netze gereinigt und die Fische auf den Markt gebracht.

Diese nächtlichen und frühmorgendlichen Szenen versetzten mit gedanklich in biblische Zeiten: Es war, als sah ich Petrus und Andreas am Werk am See Genezareth. Wie gerne würde ich das auch mal erleben: fischen in der Nacht!

Eines Tages fragte ich den Besitzer der Pension, ob es vielleicht möglich wäre, dass ich einmal mit einem Nachtfischer mitfahren würde. Er reagierte positiv und sagte mir, dass sein Cousin nachts fischen ging und mich sehr wahrscheinlich mitnehmen würde. Als meine Begleiterin auch begeistert reagierte, versprach er, sich für uns zu verwenden und uns dann Bescheid zu sagen.

Beim Frühstuck am nächsten Tag erfuhren wir, dass wir abends gegen zweiundzwanzig Uhr beim Boot des Cousins erwartet würden. Wir sollten uns warm anziehen und etwas zu trinken mitbringen. Abhängig vom Fang, würden wir morgens so gegen fünf oder sechs Uhr wieder zurück am Strand sein.

Nach einem intensiven Konferenztag in Split stiegen wir abends um zweiundzwanzig Uhr erwartungsvoll in das kleine Fischerboot. Der Fischer war ein freundlicher Kroate, der nur ein paar Worte englisch konnte, sodass wir uns mit Händen und Füssen unterhielten. Was er mir gleich am Anfang unseres Abenteuers deutlich machte, war, dass ich verantwortlich dafür war, »Ausschau zu halten«. Ich hatte, ehrlich gesagt, keine Ahnung, was er damit meinte, aber ich nickte eifrig »ja«, so wie ich es früher immer bei meinen großen Brüdern gemacht hatte, als die etwas sagten oder von mir verlangten, was ich nicht verstand. Lieber nicken als zugeben, dass ich »dumm« sei!

Es wurde eine lange Nacht. Auf beiden Seiten des Schiffes hingen Gaslichter, die auf das Wasser gerichtet waren, um die Fische anzulocken. Auch wurden Krabbenfallen ins Boot gebracht, die hier und da im Meer an treibenden Kunststoffbehältern befestigt waren. Ansonsten ... geschah nichts. Ich sah dann und wann im Licht der Gaslampen einen einzelnen Fisch vorbeischwimmen, aber es gab keinen Fang. Sogar die Krabbenfallen waren leer! Ich fragte mich, ob ich mit schuldig an unserem Missgeschick sein könnte, weil ich ja Ausschau halten sollte, aber mir war noch immer nicht deutlich, was genau von mir erwartet wurde.

Die Stunden krochen dahin und es wurde kalt. An der Küste sahen wir im Licht des Mondes die vagen Konturen unserer Pension. Ich hätte viel darum gegeben, wenn ich mein feuchtes Bänkchen im Fischerboot hätte eintauschen können gegen mein komfortables Bett! Es war alles viel weniger spannend, als ich erwartet hatte, und der Gedanke an ein kurzes Nickerchen, bevor wir zur Konferenz nach Split fahren müssten, war sehr verlockend.

Wir waren unendlich dankbar, als der Fischer entschied, früher als vorgesehen zum Ufer zurückzukehren. In dieser letzten Stunde auf dem Meer fasste ich Mut und ich stellte ihm quasi locker die Frage, die ich lange für mich behalten hatte: »Ach, wir haben kein Glück gehabt!

Wonach sollte ich eigentlich Ausschau halten?« Die Reaktion des Fischers war verblüffend. Er stand auf und breitete seine Arme aus, als wollte er das ganze Meer umfassen. Dann sagte er nur ein Wort: »Policija«! Er zeigte auf sich und auf sein Fischereigerät und sagte: »ilegalan!« Wir brauchten keine Übersetzung, denn die Botschaft war klar. Wir hatten uns mit unserer nächtlichen Bootsfahrt auf dem Adriatischen Meer aufs Glatteis begeben. Da unser netter Fischer illegal fischte, hätte ich nach der Wasserpolizei Ausschau halten sollen.

Vor lauter Schreck blieb uns die Sprache weg! Aber als wir aus dem Boot gestiegen waren und über den Strand zu unserer Pension liefen, sahen wir einander an und haben Tränen gelacht über unser Abenteuer und über unsere Naivität!

»Und Simon antwortete und sagte zu ihm: »Meister, wir haben die ganze Nacht hindurch gearbeitet und nichts gefangen ...«
Lukas 5,5

37. Summen tut gut

An einem ruhigen, sonnigen Nachmittag sitze ich im Garten und lese. Dass es still ist, ist ein Wunder, denn ich wohne in einer kinderreichen Nachbarschaft. In meinem Garten hört man nicht nur viel, es ist dort auch nicht ganz sicher. Mein kleiner Nachbarjunge, der leidenschaftlich gern Fußball spielt und den Bretterzaun zwischen unseren Häusern als Tor bestimmt hat, schießt kräftig – und leider manchmal zu hoch. Und dann gibt es im Sommer im Garten hinter meinem Haus noch ein kleines aufblasbares Schwimmbecken, das viel Freude und lautes begeistertes Geschrei mit sich bringt. Kurz gesagt: Es wird hier nicht langweilig.

Heute aber ist es still, abgesehen von einem einzigen Geräusch. Irgendwo spielt ein Kind im Garten und summt. Es ist ein klares, melodiöses Summen. Aus irgendeinem Grund bin ich mir sicher, dass es von einem Jungen kommt. Er muss mit etwas beschäftigt sein, das ihm Freude macht. Vielleicht ist er dabei, etwas zu basteln. Vielleicht hat er einen kleinen Gemüsegarten und pflegt seine Pflanzen. Vielleicht liest er ein Buch oder einen Donald-Duck-Comic. Vielleicht macht er auch gar nichts Bestimmtes, sondern liegt im Gras und lässt sich von der Sonne wärmen. Wie es auch sei, dieses Kind ist unbefangen glücklich.

Es gibt keine Schwester, die ihm auf die Nerven geht, keine Mutter oder andere, die etwas von ihm verlangen. Er ist allein draußen und summt vor sich hin. In meinem Garten werde ich verwöhnt mit einem sommerlichen Impromptu aus hohen, klaren Tönen. Das Summen dieses Kindes, so rein und voller Zufriedenheit, tut unendlich gut. Ich lege mein Buch beiseite, schließe meine Augen und genieße. Während ich so vor mich hindöse, kommt mir der Gedanke, dass vielleicht auch Gott sich darüber freuen würde, wenn wir, seine Kinder, das Summen üben würden. Ein zufriedenes Summen. Ein dankbares Summen, weil er uns so viel geschenkt hat und wir es gut haben.

»Ist jemand guten Mutes?
Er singe Psalmen!«
Jakobus 5,13 (ELB)

38. Händel im Kreißsaal

Es ist mehrere Jahre her, dass eine junge Frau aus meinem Freundeskreis, die ich hier Jutta nennen werde, ihr erstes Kind erwartete. Die Schwangerschaft verlief nach Wunsch, bis es gegen Ende des siebten Monats abends spät auf einmal ganz still in ihrem Bauch wurde. Das sonst lebendige Baby rührte sich nicht mehr. Zuerst meinte Jutta, dass es vielleicht schlafen würde, während der Nacht aber kamen die Sorgen. Sie wartete bis morgens früh, dann rief sie ihren Mann an, der in diesen Tagen ihren bevorstehenden Umzug in eine andere Provinz vorbereitete. Er war nicht wirklich beunruhigt und versuchte, ihr Mut zu machen, indem er ihr sagte, dass es auf jeden Fall gut sei, dass in wenigen Stunden eine Routineuntersuchung bei der Geburtshelferin vorgesehen war. Vielleicht würde das Baby früher als erwartet auf die Welt kommen. Wie auch immer, sie würden eventuelle Probleme meistern. Er hatte bis nach Hause gute drei Stunden zu fahren und er würde sich bald auf den Weg machen.

»Wir waren so naiv«, sagt Jutta heute. »Wir hatten im Grunde wenig vorbereitet, weil wir knapp vor unserem Umzug standen. Wir hatten keinen Moment daran gedacht, dass es während der Schwangerschaft Komplikationen geben könnte. Auch jetzt, wo es nicht gut aussah, konnten wir nicht wirklich glauben, dass etwas nicht in Ordnung sein sollte. Dennoch spürte ich tief in meinem Herzen, dass uns Furchtbares erwartete.«

Bald überstürzten sich die Ereignisse. Die Geburtshelferin konnte morgens keine Herztöne finden und sie sandte Jutta direkt ins örtliche Krankenhaus für eine weitere Untersuchung. Als dort beim Ultraschall auch keine Herztöne gefunden wurden, wurde in aller Eile ein Arzt gerufen. Es entstand eine unglückliche Situation, worin Jutta sich völlig bloßgestellt fühlte, als dieser mit einer Kolonne von vier Studenten erschien und die Tür weit offen stehen ließ. Nachdem sie das Bild auf dem Ultraschall gründlich betrachtet und besprochen hatten, wurde in aller Öffentlichkeit bestätigt, dass das Baby nicht mehr lebte. Mit Jutta selbst sprach niemand.

Während Jutta in einen Schock geriet und laut aufschrie, erschien eine Ärztin, die die Situation gleich durchschaute. Sie trat energisch auf, schickte alle weg und brachte Jutta in ein ruhiges Zimmer. Dort schloss sie sie in die Arme und fragte sie, wie man ihren Mann verständigen konnte. Sie blieb bei Jutta, während Mark informiert wurde, dass er nicht nach Hause, sondern direkt ins Krankenhaus fahren sollte. »Dr. Margaret war wie ein Fels in der Brandung«, sagt Jutta heute. »Ihre Arme um mich bewahrten mich vor einem Absturz. Sie war auch sehr feinfühlig. Als Mark ankam, ließ sie uns zuerst einen Moment allein, dann kam sie zurück, um uns die notwendigen weiteren Schritte zu erklären.«

Es war, als bräche ein Orkan über dem Paar los. Sie hatten kaum Zeit nachzudenken, denn die Geburt sollte so schnell wie möglich stattfinden. Vor weniger als 24 Stunden war alles noch in Ordnung gewesen, nun bekam Jutta Medikamente, die ihren Körper auf die Entbindung vorbereiten sollten. Im Auto auf dem Weg nach Hause ließen die Tränen sich nicht mehr aufhalten. Zu Hause angelangt, waren sowohl Jutta als auch Mark vor lauter Erschütterung wie gelähmt.

Nach einer schlaflosen Nacht befanden sich am nächsten Morgen mehrere Personen im Kreißsaal des Krankenhauses. Auf die Bitte von Jutta und Mark hin waren ihre Mütter angereist, um bei der Geburt anwesend zu sein. Die zwei Hebammen, die einander abwechselten, kamen beide aus Kenia und sie waren beide Christen.

Dass gerade sie da waren, war ein großes Geschenk, denn das Paar hatte sich kennengelernt, als sie in Kenia bei einem Projekt einer missionarischen Gesellschaft mitgearbeitet hatten. Ihr Herz schlug für Afrika, und es war für sie ganz besonders, dass in diesen schweren Stunden zwei Glaubensschwestern aus Afrika dabei waren. Dass auch Dr. Margaret, die an diesem Tag freihatte, extra vorbeikam, um Jutta zu sehen, war ein großes Geschenk.

Als sich die Geburt ankündigte, geschah etwas, das dazu führte, dass im Kreißsaal das Licht durchbrach. Jutta bat ihre Mama und Schwiegermama, die beide sehr musikalisch sind, den bekannten Choral aus Händels Oratorium »*Der Messias*« für sie zu singen, in dem es um die Auferstehung Jesu und die Hoffnung seiner Nachfolger geht. Während sie beide das Lied anstimmten, erinnerte sich Juttas Mama, dass sie den Choral auf ihrem Handy hatte. Und so geschah es, dass im Kreißsaal »O Tod, wo ist dein Stachel? Totenreich, wo ist dein Sieg?« abgespielt und laut mitgesungen wurde.

Während eine junge Frau ihr verstorbenes Kind zur Welt brachte, wurde im Kreißsaal verkündigt, dass der Tod nicht das letzte Wort hat, weil er von Jesus überwunden wurde. Die Trauer der Eltern wurde umhüllt von dem Trost Gottes, der ihre Tochter geschaffen und dann zu sich geholt und in seine Obhut genommen hatte.

Es war ein heiliger und trostreicher Moment, den keiner von denen, die anwesend waren, je vergessen wird. Ebenso unvergesslich war die spätere Trauerfeier in einer großen alten Kirche, die gerammelt voll war mit vor allem jungen Menschen.

»Trauer-Feier« ist ein starker Begriff, denn es wurde getrauert um ein Kind, das im Mutterleib gestorben war, und es wurde gefeiert, dass dieses Kind zu seinem Schöpfer zurückgekehrt war und sicher bei ihm geborgen ist. Die Trauer bleibt, sie ist aber eingebettet in die Gewissheit, dass das Leben den Tod verschlungen hat und dass nichts uns von Gottes Liebe trennen kann.

Heute erinnert ein kleiner Grabstein auf dem Friedhof im Wohnort der Eltern an ihr erstes Kind. Die Jungs, die später geboren wurden, wissen, dass sie eine Schwester haben, die im Himmel ist. Sie radeln öfter an ihrem Grab vorbei. Manchmal halten sie an, dann bringen sie Blumen vom Feld oder bemalen den Stein mit Kreide.

»Der Tod ist verschlungen in Sieg!
Tod, wo ist dein Stachel?
Totenreich, wo ist dein Sieg?«
Der Apostel Paulus
in 1. Korinther 15,54.55

39. Beschenkt

Ob mich die Warum-Frage beschäftigt hat? Es ist die erste Frage, die mir während eines Interviews bei einem Frauentag in Süddeutschland gestellt wird. Vor gut sieben Monaten habe ich eine Krebsdiagnose bekommen und dies ist (erstaunlich schnell!) mein erster »Auftritt« nach einer sehr intensiven Zeit, in der ich operiert und bestrahlt wurde und mich einer Chemotherapie unterziehen musste. Die Frage überrascht mich nicht, denn sie wurde mir schon früher gestellt. Viele liebe Menschen haben sich von meiner Erkrankung überfallen gefühlt und sich gefragt, warum Gott es zugelassen hat, dass ich so abrupt »aus dem Verkehr genommen« wurde und meinen Dienst für ihn – meine Bibelvorträge – abbrechen musste. Ob ich auch selbst mit dieser Frage gerungen habe? Ich kann darauf von Herzen mit Nein antworten.

Wir leben in einer Welt, in der immer wieder Katastrophen vorkommen. Es gibt Naturgewalten wie Erdbeben,

Orkane, Überschwemmungen oder Lawinen. Es gibt Kriege, Epidemien, Unfälle, schmerzhafte Verluste, Ehekrisen und, ja, auch schwere Erkrankungen. Christen bleiben nicht vor diesen Dingen verschont. Der große Unterschied ist, dass sie nicht allein durch die dunklen Täler gehen, weil sie Gott kennen und mit seinem Beistand rechnen dürfen. Wer sich und sein Leben Gott anvertraut hat, darf vertrauensvoll leben. Der Herr will uns zur Seite stehen und in den Stürmen des Lebens Halt und Zuflucht sein.

Eine Krebsdiagnose wirft alles um; plötzlich ist nichts mehr, wie es war. Viele Entscheidungen müssen getroffen werden, die weitreichende Konsequenzen haben. Es werden Behandlungen vorgeschlagen, deren Erfolg unsicher ist. Man befindet sich in einem fahrenden Zug, aus dem man nicht aussteigen kann. Er fährt seine Passagiere in unbekannte Orte. Der kleine kahlköpfige Junge mit dem Luftballon in der Hand, auf dem steht: »Wir sind so stolz auf dich.« Die junge blasse Frau, die tapfer lächelt, wenn ich sie anschaue. Der Mann im Rollstuhl. Wir sind anonyme Passagiere und Schicksalsgefährten zugleich. Wir fühlen uns miteinander verbunden.

In den Monaten meiner Erkrankung hat Gottes Anwesenheit mich getröstet und gestärkt. Unterwegs gab es immer wieder Erfahrungen, die mich überrascht und mir Mut gemacht haben. Wertvolle Begegnungen im Krankenhaus, gute Gespräche, Ärzte, die sich Zeit für mich genommen haben. Darunter Menschen, die wie ich Christen sind. Wie die onkologische Therapeutin, die mir erzählte, dass sie beim Durchblättern meiner Anmeldung in der Praxis dafür gebetet hatte, dass sie diejenige sein würde, die mich begleiten dürfe. Oder die Person auf der Onkologie, die ich bei Problemen oder Fragen zu jeder Zeit kontaktieren durfte. Der deutsche Arzt, den ich in einem Konferenzzentrum kennenlernte, der mich öfters anrief, mir Zusammenhänge erklärte, mit mir betete und mir Mut machte.

Wenn dieses Buch erscheint, liegt meine Krebsdiagnose gut anderthalb Jahre zurück. Die Monate, in denen ich aus dem Verkehr genommen war, haben mir gutgetan. Es war eine Art Sabbatperiode, eine Zeit der Stille, Besinnung und Erholung. Eine Zeit, in der der Kontakt mit meinem Herrn und Heiland sich vertieft hat. Eine Zeit, in der ich das Leben neu umarmen durfte und mir neu bewusstwurde, wie gut es ist, Gott zu kennen und wie kostbar gute Freunde sind. Viele Menschen standen wie eine Mauer um mich herum, sie haben mich zu den verschiedenen Terminen gefahren, eingekauft und mich mit Mahlzeiten versorgt. Und sie haben gebetet.

Wenn ich zurückblicke, kann ich ehrlich sagen, dass

meine Erkrankung mir zum Segen geworden ist. Ich fühle mich beschenkt und innerlich gestärkt. Was die Zukunft bringen wird, weiß ich nicht. Ich weiß aber, dass Gott nach wie vor Gutes mit mir vorhat und dass weder Tod noch Leben mich von seiner Liebe scheiden können. Ich will es einüben, in allen Umständen felsenfest auf ihn zu vertrauen. Anstatt mich von Angst antreiben zu lassen, lasse ich mich von Hoffnung ziehen.

Das Interview am Frauentag geht zu Ende, wir haben relativ lange miteinander gesprochen. Trotzdem noch die Frage, ob ich mir vorstellen kann, weiterhin Vorträge zu halten und Bücher zu schreiben? Ich antworte mit Ja. Ich bin dankbar, dass ich wieder zu Kräften gekommen bin und ich würde mich freuen über weitere Vortragsreisen oder neue Buchprojekte. Aber alles in Maßen, damit Zeit, Raum und Energie für andere Dinge bleiben.

Als die Menschen nach der Zusammenkunft den Saal verlassen, spricht eine Frau meine Mitarbeiterin Aly beim Büchertisch an. »So«, sagt sie entschieden. »Und nun will ich gerne die *wahre* Geschichte hinter dem schönen Zeugnis von Noor hören!« Aly blickt sie freundlich an. »Es gibt keine andere Geschichte«, sagt sie. »Was Noor hier eben erzählt hat, ist wahr. Ich habe die Monate ihrer Erkrankung intensiv miterlebt und ich kann nur bestätigen, was sie gesagt hat. Gott hat sie durchgetragen und reich beschenkt.« Es bleibt einen kurzen Moment still, dann zuckt die Frau ihre Schulter, dreht sich um und verschwindet in der Menschenmasse.

»An dem Tag, da ich rief,
hast du mir geantwortet;
du hast mir Mut verliehen,
in meine Seele kam Kraft.«
Psalm 138,3

40. Auf dem Bauernhof in den Bergen

Als mich kürzlich eine Bekannte fragte, was ich als junges Mädchen werden wollte, sagte ich, ohne auch nur eine Sekunde zu zögern: Bäuerin. Ich war, ehrlich gesagt, selbst überrascht über meine Antwort, denn ich habe das nicht direkt so in Erinnerung, dass eine Bäuerin zu sein ein Herzenswunsch von mir gewesen ist. Tierärztin zu werden, ja, das war lange Zeit ein Herzenswunsch! Ich liebte (und liebe) Tiere, und zum Glück galt das auch für unsere Mama, denn wir hatten nicht nur Hunde, sondern auch eine lustige Ziege mit dem Namen Wobbel, die gerne Happen aus unseren frisch gewaschenen und gebügelten Kleidern nahm, und ein Kaninchen, das sich frei im Haus bewegen durfte. Seine große Leidenschaft war das Durchnagen von elektrischen Kabeln, was immer wieder dazu führte, dass wir ganz unerwartet im Dunkeln saßen. Auch nagte es gerne an den Fersen von Menschen, die uns besuchten. Es machte das ungesehen, weil es sich unter der Couch versteckte und von dort aus ganz subtil operierte. Wir liebten es, wenn wir wahrnahmen, dass der eine oder andere Gast etwas verunsichert wirkte und dann und wann versuchte, unauffällig seine Ferse zu betasten. In solchen Momenten erfreuten wir uns besonders an unserem lieben Kaninchen, das uns immer wieder aufregende Momente bereitete.

Ich war etwa zehn Jahre alt, als ich regelmäßig mit der Tierambulanz mitfahren durfte, um kranke oder verwundete Tiere abzuholen. Einmal haben wir in den Dünen eine riesige Eule befreit, die in einen Zaun aus Stacheldraht geraten war. Im Winter kam es öfter vor, dass wir Enten, deren Pfoten im Eis festgefroren waren, befreien mussten. Löcher ins Eis zu hacken, damit sie schwimmen konnten, gehörte auch dazu. Wir erlebten immer wieder tolle Abenteuer.

Es wurde alles seriöser, als ich mit etwa vierzehn Jahren einmal in der Woche beim Tierarzt in unserem Dorf »assistieren« durfte. Dort habe ich gelernt, Hunde zu impfen, Wunden zu desinfizieren, einen Gipsverband anzubringen und einiges mehr. Einmal durfte ich sogar eine Wunde nähen. Dass ich letztendlich keine Tierärztin geworden bin, liegt unter anderem daran, dass es zu dieser Zeit wohl sehr außergewöhnlich war, wenn ein Mädchen Tiermedizin studierte. Im Rückblick vermute ich, dass meine Motivation damals nicht mehr stark genug war, um mich durchzusetzen und zu versuchen, einen Studienplatz an der Fakultät Tiermedizin zu bekommen (was damals sehr schwierig war). Stattdessen studierte ich dann Heilpädagogik an der Uni Utrecht. Als ich während meines Studiums zum lebendigen Glauben fand und Christ wurde, folgte eine zweijährige Ausbildung am britischen Missionsinstitut All Nations Christian College. Es folgten einige Jahre in der christlichen Studentenarbeit in Österreich – es waren die Jahre, in denen die *Österreichische Studentenmission* Fuß fasste an den Unis und Hochschulen –, dann kamen die Jahre als Regisseurin und Moderatorin beim niederländischen Rundfunk und Fernsehen, und schließlich fing es an mit Vortragsreisen in Europa und mit dem Schreiben von Büchern. Das Letztere ist schon ein Traum von mir gewesen, der vielleicht seit meiner Kindheit im Hintergrund geschlummert hat. Es wurde bei uns zu Hause viel vorgelesen und gelesen. Wir holten haufenweise Bücher bei der Bibliothek und erzählten uns Geschichten, die wir uns selbst ausgedacht hatten.

Zwar bin ich keine Bäuerin geworden, dennoch schreibe ich diese Zeilen in einem Bauernhaus mitten im Nirgendwo. Von meiner Ferienwohnung aus habe ich Aussicht auf ausgedehnte Felder mit Bergen rundum. Für eine Niederländerin ist das ein Traum. Mir ist der weite Blick bis zum Horizont vertraut, ich bin ja an der Küste meiner Heimat aufgewachsen, der Strand und das endlose Meer waren mein Spielplatz. Hier aber, in einem Tal in den Alpen, bin ich umhüllt von Bergen. Es ist, als sei ich rundum geschützt, ich fühle mich wohl.

Die Bauernfamilie, bei der ich eine Unterkunft gefunden habe, umfasst drei Generationen. Es gibt Kälber, einen Hahn, zwei stattliche Hühner mit flaumigen Küken und eine alte Katze, die nicht viel anderes mehr tut als schlafen. In der Scheune nisten Schwalben, in einem großen Baum gegenüber meinem Fenster bereiten sich junge Falken aufs Ausfliegen vor. Der Bauernsohn hat vor einigen Tagen die Wiese gemäht und heute mit dem Sohn seiner Schwester das Heu in die Scheune gebracht. Die Bäuerin hat im Garten gearbeitet und die Blumen am Balkonrand versorgt, während ihre Tochter auf dem Lader gestanden ist und Kirschen gepflückt hat. Melken muss man hier nicht, denn es gibt nur Kälber. Es wirkt alles friedlich, es gibt einen festen Tagesrhythmus – man steht früh auf und geht früh ins Bett. In der Nacht ist es finster, es gibt keine Straßenbeleuchtung, dafür aber manchmal eine himmlische Beleuchtung durch Mond und Sterne. Ich genieße meine Zeit hier, ich bin hier »dahoam«.

Wie gesagt, Bäuerin oder Tierärztin bin ich nie geworden, mein Schöpfer und himmlischer Vater hat mich über ganz faszinierende Wege dorthin gebracht, wo ich jetzt bin. In meiner Auszeit auf dem Bauernhof blicke ich staunend zurück. Es ist gut so, sehr gut sogar. Ich bin ein dankbarer Mensch.

»Deine Augen sahen mich schon als ungeformten Keim,
und in dein Buch waren geschrieben alle Tage,
die noch werden sollten,
als noch keiner von ihnen war.«
Psalm 139,16

Gott verändert

„Dieses Buch ist ein gutes Geschenk für Menschen, die auf der Suche nach Gott sind. Sehr empfehlenswert!"

Leserstimme

„Gott, wenn es dich gibt, dann zeig dich!" Diese Sehnsucht haben viele Gäste der TV-Sendung „ERF MenschGott" geäußert. Und tatsächlich: Gott hat sich gezeigt. Eine Erfahrung, die das Leben dieser Menschen verändert hat. Sie konnten Hass, Trauer oder Ablehnung überwinden, wurden frei von Süchten, haben ihre Selbstachtung wiedergefunden oder körperliche Heilung erlebt. Und sie haben Antworten auf ihre tiefsten Fragen und Sehnsüchte bekommen - samt einer Hoffnung, durch die sie ganz neu anfangen konnten. Ein Buch voller berührender Lebensgeschichten, die Mut machen, Gott (neu) zu entdecken.

Hohmeyer-Lichtblau / Röseler (Hg.) • Von Gott berührt
Gebunden • 128 Seiten • ISBN 978-3-95734-625-4

Bibelzitate sind entnommen:
Bibeltext der *Schlachter*. © 2000 Genfer Bibelgesellschaft

Weitere verwendete Bibeltexte sind wie folgt gekennzeichnet:
L – Lutherbibel, revidierter Text 1984, durchgesehene Auflage
in neuer Rechtschreibung, © 1999 Deutsche Bibelgesellschaft, Stuttgart.
M – Menge Bibel. Public domain.
NeÜ – *Neue evangelistische Übersetzung* © 2023 by Karl-Heinz Vanheiden.
www.derbibelvertrauen.de
NL – *Neues Leben. Die Bibel*. 2. Auflage 2019 © der deutschen Ausgabe
2002/2006 by SCM R. Brockhaus in der SCM Verlagsgruppe GmbH,
Witten/Holzgerlingen.
ELB – Revidierte Elberfelder Bibel (Rev. 26) © 1985/1991/2008
SCM R. Brockhaus im SCM-Verlag GmbH & Co. KG, Witten.
ZB – *Zürcher Bibel* © 2007 Verlag der Zürcher Bibel beim
Theologischen Verlag Zürich.

© 2024 Gerth Medien in der SCM Verlagsgruppe GmbH,
Berliner Ring 62, 35576 Wetzlar

1. Auflage 2024
Best.-Nr. 821068
ISBN 978-3-98695-068-2

Umschlagfoto: Shutterstock / Robyn Mackenzie, Yevgenij_D, Vector FX
Umschlaggestaltung: Maren Habla
Satz: Greiner & Reichel, Köln
Druck und Verarbeitung: GGP Media GmbH, Pößneck
Printed in Germany

www.gerth.de